BERGMEISTERWOLF

De aedibus international

Die Inspirationen und die architektonische Kultur einzelner Architekten in Europa zu dokumentieren und zusammenzuführen, das ist das Ziel der Reihe *De aedibus international*. So können wir seit 2009 architektonische Brennpunkte der jüngeren europäischen Architekturgeschichte wie etwa London, die Beneluxstaaten, Deutschland, Österreich und Südtirol mit einzelnen Bänden erreichen. Die Reihe wird in ihrer Kontinuität gleichsam zu einem Gedächtnis der Architektur, das die Werke dem Vergessen entzieht. Von allen der mit hohem Qualitätsanspruch ausgewählten Architekturschaffenden werden die wichtigsten Bauten festgehalten, ausführlich dargestellt und dokumentiert. Jeder Band dient auch der Reflexion über den architektonischen Willen, der hinter den Projekten steht. So sind in dieser Reihe bereits etliche namhafte Kritikerinnen und Kritiker aus verschiedenen Ländern zu Wort gekommen.

Der Hauptteil in jedem Band widmet sich dagegen der Welt der Anschauung. So sind jeweils anhand von Bildern und Plänen einige bemerkenswerte Bauten dargestellt, die nicht einer routinierten «Produktion» entsprungen sind. Vielmehr steht hinter jedem Entwurf eine leidenschaftliche Auseinandersetzung mit der Aufgabe und deren Prämissen.

Heinz Wirz
Verleger

De aedibus international

The *De aedibus international* series aims to document and compile the inspirations and architectural culture of individual architects in Europe. Since 2009, we have published individual volumes on hotspots of European architectural history such as London, the Benelux countries, Germany, Austria and South Tyrol. Such continuity allows the series to become a form of architectural memory, ensuring that the architecture is not forgotten. The most important buildings by each of the selected high-quality architects are presented, described in detail and documented. Each volume also serves to reflect upon the architectural motivation behind the projects. Thus the series includes numerous articles by renowned critics from various countries.

However, the core of each book is dedicated to the world of observation. Images and plans present a number of remarkable buildings that are not the result of routine "production". Instead, each design stems from a passionate engagement with the task and its premises.

Heinz Wirz
Publisher

BERGMEISTERWOLF – Brixen/Bressanone

QUART

MIT DER LANDSCHAFT BAUEN

Simona Galateo

Wenn Friedrich Achleitner das Seehotel Ambach von Othmar Barth in Kaltern beschreibt, hebt er hervor, wie nahtlos es sich in die umliegende Landschaft einfügt. Das Gebäude erlaube eine durch den Ort geprägte räumliche Erfahrung: «Der Bau steht nicht dem Ort im Wege, sondern ermöglicht ihm eine besondere Darstellung seiner Merkmale, sich selbst als einen aktiven Teil dieses Erlebnisses verstehend.»[1] Das architektonische und kulturelle Erbe, das Barth seinen Südtiroler Kollegen hinterlassen hat, bildet eine Art roten Faden, der einen Grossteil der zeitgenössischen Südtiroler Architektur durchzieht: Er besteht aus der Fähigkeit, die Landschaft und das in sie eingefügte Artefakt genauso in Einklang zu bringen wie lokal gewachsene Traditionen mit modernen Ausdrucksformen. In einer alpinen Region wie Südtirol, die aus ihrer Ursprünglichkeit ein Alleinstellungsmerkmal gemacht hat[2] – und das nicht nur zum Zweck der touristischen Vermarktung, sondern auch als kulturelle Realität vor Ort –, bildet die Auseinandersetzung mit «Tradition» noch heute ein kontrovers diskutiertes, heikles und keineswegs abgeschlossenes Thema für die zeitgenössische Architektur. Auf der einen Seite hat diese regionale Einzigartigkeit konservativere Architekturansätze hervorgebracht, in denen der Begriff «traditionell» untrennbar verbunden ist mit der „Landschaft“ als einer zweiten Natur, die unberührt und vertraut ist und die man nicht verändern darf, sondern erhalten muss – wenngleich Tourismus und Landwirtschaft die reale und imaginierte Landschaft schon seit Langem verändert haben. Auf der anderen Seite hat eine langanhaltende Phase öffentlicher Investitionen in eine lebendige Wettbewerbskultur dafür gesorgt, dass die Südtiroler Architektur mit ihren Inhalten und Zielen einen Platz im öffentlichen Diskurs gefunden hat[3], und so den Austausch zwischen Bürgern, Architekten und Bauherren gefördert. So ist im Laufe der Jahre auch in der Bevölkerung ein Interesse für Fragen der Landschaftsgestaltung entstanden. Im Bestreben, Tradition im weitesten Sinne und zeitgemässe Ausdrucksformen zueinander in Beziehung zu setzen, ist Architektur heute ein wichtiges Instrument der Standortentwicklung.

Auf diesem vielschichtigen Terrain greift bergmeisterwolf Barths Erbe auf, setzt mit seinen Projekten Kontraste und wertet das Umfeld auf, indem die Architektur quasi mithilfe von Zwischenräumen der Landschaft neue Elemente hinzufügt und so neue Orte erschafft. Der Begriff «(er-)schaffen» wird hier in ganz konkretem Sinne verwendet: Südtirol hat eine reiche handwerkliche Tradition – ein passender Nährboden für die Auseinandersetzung mit einer alpinen Region, die in ihrer Morphologie und ihrer sozialen wie ökonomischen Entwicklung vielschichtig und komplex ist. In diesem Sinne verbindet das Atelier bergmeisterwolf lokale Traditionen und örtlich gewachsene Bauweisen mit zeitgenössischen Ausdrucksformen.[4] Der Begriff «Baukultur» – so vieldeutig dieses Wort auch zwangsläufig sein mag[5] – bezeichnet dabei die Praxis, durch das Zusammenspiel von Vertrautheit und Entfremdung die Ortsgebundenheit dieser Traditionen zu überwinden und sie in der Anwendung neuer Ausdrucksformen miteinzubeziehen, fernab von ästhetischer Homogenität oder formaler Identität.[6] Mit den Worten der Architekten: «Bauen ist ein Akt der Erkenntnis, ein Mittel, um sich die Geschichte eines Ortes anzueignen und sie der Zukunft anzuvertrauen. Bauen bedeutet, mit der Vergangenheit, der Gegenwart und der Zukunft zu arbeiten, um die Identität eines Ortes zu ergründen und offenzulegen.»[7]

Genau diese Palette aus strukturellen Elementen der Region, ob alpin oder nicht, nutzt das Atelier, um deren Geschichte in zeitgemässer Lesart abzubilden. Dadurch

BUILDING INTO THE LANDSCAPE

Simona Galateo

Friedrich Achleitner, describing Othmar Barth's Seehotel Ambach in Kaltern-Caldaro, underscores how it melds with the surrounding landscape, offering, "a spatial experience 'heightened by the setting', in which the building does not mask its location, instead allowing a particular representation of its features, viewing itself as an active component in this experience."[1] Drawing on the architectural and cultural legacy Barth transmitted to the profession in South Tyrol, an ability to create a synthesis between experiences of the landscape and the built structures integrated within it, as well as between the interpretation of local tradition and modern idioms, constitutes a kind of leitmotif that runs through much of contemporary architectural production in South Tyrol. Engaging with "tradition" remains a contradiction-ridden, sensitive and unresolved topic for contemporary architecture in the alpine landscape of South Tyrol, which has embraced authenticity as a distinctive feature,[2] not merely for tourism promotion, but also as a factor informing local culture. On the one hand, this uniqueness has generated more conservative approaches that consider the term "traditional", in conjunction with "landscape", as a sort of intact, reassuring second type of nature, inalienable and meriting conservation, yet in a context in which economic sectors such as tourism and agriculture have long since modified its traits and imagery. On the other hand, a lengthy period of public-sector investment via competition procedures has put architecture from South Tyrol on the general public's radar,[3] while also boosting an ability to communicate and elucidate its contents and objectives, fostering dialogue between citizens, architects and clients. As a result, a widespread sensitivity for issues related to regional planning has emerged over the years and architecture has been identified as an important tool for local development that sets great store by establishing a dialogue between contemporary design idioms and tradition, in the broadest sense of the term.

Picking up on Barth's legacy in this interconnected setting, bergmeisterwolf's architectural practice is informed by a dialogue-driven stance that focuses on optimising the surroundings by juxtaposing new elements in order to generate new places within the local landscape, almost as if fitting these into interstices. The expression "making" is used in the most tangible sense in South Tyrol, a cultural context characterised by craftsmanship with a practical bent, in multiple sectors and on myriad levels, when engaging with the complex, interwoven morphology and socio-economic profiles of this mountainous territory. The bergmeisterwolf team interpret this approach by combining a more contemporary vernacular with reinvigorated local traditions and construction techniques rooted in the region.[4] While accepting the frangible nature of the concept,[5] they use the term *Baukultur* [architecture as the culture of construction] to refer to this practice that tends, through affinity and differentiation, to overcome the localism of tradition in order to integrate it when nurturing new languages, moving far beyond any quest for aesthetic homogeneity or formal identity.[6] As the architects put it, "Building is a cognitive act, a tool that aims to assimilate the history of a given context to project it towards the future.

schafft es neue Fixpunkte in einer Landschaft, die ihrer Natur nach in ständigem Wandel begriffen ist. Mit diesen Prämissen hat bergmeisterwolf einen beinahe methodologischen Zugang zur Entwurfsarbeit gefunden. Dieser basiert zunächst auf einer genauen Kenntnis des Ortes und einer dialogischen Begegnung mit den Auftraggebern. Durch manuelle Arbeit – es kommen grundsätzlich immer Kartonmodelle zum Einsatz – werden anschliessend mit dem Umfeld stimmige architektonische Räume definiert und ausgearbeitet. Die Beziehung zu den Auftraggebern spielt bei bergmeisterwolf eine zentrale Rolle. Der Dialog und das Zuhören sind zwei wesentliche Grundlagen für jede planerische Tätigkeit, werden bei bergmeisterwolf aber zu einem intimeren, beinahe familiären Austausch, der letztlich das Umsetzen gemeinsamer Visionen ermöglicht. Am Ende dieses Prozesses steht ein Ergebnis, das sich vollkommen in die Umgebung einfügt und in dem sich die Bauherren wiederfinden. Grundlegend in dieser Art der Zusammenarbeit sind formbare und flexible Arbeitswerkzeuge, die sich im Zuge der Projektentwicklung jeweils anpassen lassen. Das Arbeiten mit Modellen ist im Grunde sehr simpel, genau wie die Bevorzugung von Karton, einem Material, das je nach Bedarf und nach Rücksprache mit den Auftraggebern so aus und zugeschnitten werden kann, dass der Austausch stets produktiv bleibt und sofortige Ergebnisse zeigt. Es ist ein «Massschneidern» im wahrsten Sinne des Wortes: Diese Arbeitsweise knüpft an ein fast handwerkliches Architekturverständnis an, an das «gebildete Meisterhandwerk» vergangener Zeiten, das in der Vielschichtigkeit der Südtiroler Landschaft offensichtlich neue Ausdrucksweisen gefunden hat.

Das vorliegende Buch hat bergmeisterwolf mit derselben Sorgfalt und Umsicht entworfen und gestaltet, mit der das Atelier auch ans Planen herangeht – ein Prozess, der auf den folgenden Seiten detailliert nachgezeichnet wird. Dreizehn ausgewählte Projekte bieten eine Übersicht der wichtigsten fertiggestellten und noch im Entstehen befindlichen Bauten des Ateliers. Die jeweils ersten Seiten geben anhand von Zeichnungen und Modellfotos einen Einblick in die Konzeptionsphase eines jeden Projekts, bevor Fotografien die Umsetzung präsentieren. Ein fundierter Essay von Luca Molinari stellt die Arbeit von bergmeisterwolf vor und ordnet sie in den Kontext der zeitgenössischen italienischen Architektur ein. Abschliessend wird auf vier Doppelseiten die Forschungs- und Experimentierarbeit von bergmeisterwolf vorgestellt, die – ganz im Sinne eines multidisziplinären Ansatzes – im Spannungsfeld zwischen Architektur und Kunst angesiedelt ist und die tägliche Arbeit des Ateliers begleitet und bereichert.

1 Christian Schwienbacher: «Seehotel Ambach, Kalterer See». In: Der historische Gastbetrieb in Südtirol 2014, hrsg. von Stiftung Südtiroler Sparkasse, Bozen 2014, S. 14–28, hier S. 28.
2 Carlo Calderan: «Südtirol / Alto Adige. Architetture della contempo raneità tra passato e presente». In: ArchAlp 1, 2018.
3 Ebd.
4 Gerd Bergmeister, Michaela Wolf: «Baukultur – Cultura del costruire». In: ArchAlp 5, 2020.
5 Arno Ritter: «Über Baukultur und das Dazwischen». In: Turris Babel 104, 2016, S. 98 ff.
6 Ebd.
7 Gerd Bergmeister, Michaela Wolf: Baukultur – Cultura del costruire. In: ArchAlp 5, 2020.

Building signifies working with the past, the present and the future in order to understand and reveal the identity of a place."[7]

This palimpsest of structural elements in a specific area, be it mountainous or not, is precisely what this architectural firm grapples with, reinterpreting its history in a more contemporary vein, with a view to generating novel cornerstones for a landscape that is intrinsically in a constant flux. Based on these underpinnings, bergmeisterwolf has honed an almost methodological approach to design that always grows out of an awareness of the context and a dialectic dialogue with the client, followed by a hands-on approach to appraising and defining spaces to reflect the client's wishes and the territory, always deploying cardboard mock-up models to assist in this process. While dialogue and listening are two essential starting points in any design process, for bergmeisterwolf this encounter assumes an almost intimate familiarity, first and foremost ensuring that shared visions can be born and manifested in design syntheses that the client can identify with and are perfectly attuned to the site. The particular nature of this relationship means that malleable, easily modified and flexible tools are needed to convey how the visions have been interpreted. There is an inherent simplicity to working with models and to cardboard, the material that bergmeisterwolf prefer, as it can be carved and cut as required with the client, ensuring that the dialogue is always productive and open to immediate feedback. This fully fledged "custom-made" method is reminiscent of an almost artisanal approach to creating architecture, often dubbed the "cultured professionalism" of an earlier era that has apparently discovered fresh scope for dialogue among South Tyrol's myriad facets.

This book has been designed and made by bergmeisterwolf with the same care and attention found in its approach to design, as described in great detail in these pages. A selection of thirteen projects give readers insight into the firm's most important architecture, encompassing both completed projects and those in the pipeline. The first pages addressing each specific project always recount its initial phase, through drawings and photos of the models, before subsequently presenting a photographic portrait. A substantial essay by Luca Molinari explains and contextualises bergmeisterwolf's activities, also in the light of contemporary Italian architecture. The book concludes with a section on research and experimentation at the interface between architecture and art, grounded in a multidisciplinary approach that complements and enriches bergmeisterwolf's work.

1 Christian Schwienbacher, "Seehotel Ambach, Lago di Caldaro", in *L'albergo storico dell'anno in Provincia di Bolzano 2014*, Fondazione Cassa di Risparmio di Bolzano, 2014
2 Carlo Calderan, "Sudtirol/Alto Adige. Architetture della contemporaneità tra passato e presente", in *ArchAlp*, no. 1, 2018
3 Ibid.
4 Gerd Bergmeister, Michaela Wolf, "Baukultur – Cultura del costruire", in *ArchAlp*, no. 5, 2020
5 Arno Ritter, "A proposito della cultura del costruire e di ciò che ci sta in mezzo", in *Turris Babel* 104, 2016
6 Ibid.
7 Gerd Bergmeister, Michaela Wolf, "Baukultur – Cultura del costruire", in *ArchAlp*, no. 5, 2020

Dieses Ensemble ist eine Hommage an die Sedimentierung von Ideen, an architektonisch erzeugte Ruhe und an wohltuend ursprüngliche Materialien. Es zeugt davon, dass Architektur auch heute noch ein kreativer Prozess sein kann, in dem man die Zeit fliessen lässt – in diesem Fall dank eines Bauherren, der viel Sensibilität und wenig Zeitdruck mitbrachte. Das Ensemble befindet sich in Flans, einem kleinen Weiler oberhalb von Sterzing, und setzt sich aus drei Baukörpern zusammen: dem Wohnhaus, der Garage und der Sauna, die zusammen mit einer schon zuvor bestehenden Kapelle auf einen Ort einwirken, an dem die Spuren einer lange zurückliegenden Vergangenheit noch sichtbar sind. Im ersten Projektschritt wurde die historische Steinmauer restauriert, die Teil der früheren, zerstörten Hofstelle war. An diese Mauer schmiegt sich das neue Wohnhaus: ein einfacher Baukörper, der mit grossen Glasfenstern auf das Tal hin ausgerichtet ist, mit Holzschindeln verkleidet, die eigens dafür über ein Jahr dem Wetter ausgesetzt wurden, damit das Haus in natürlicher Weise die Töne und Farben der Umgebung aufgreift. Das einzige Element, das sich von dem Ensemble abhebt, ist ein in die restaurierte Mauer eingelassenes Stahlelement, das über der Zugangstreppe hängt und im Zwischenraum der Mauer und der Hausfassade angebracht ist. In ihm befindet sich eine alte Südtiroler Stube. Die drei Artefakte passen sich in die umgebende Topografie ein, die Baukörper der Garage und der Sauna korrespondieren miteinander über Gegensätze: Ersterer ragt aus dem Hang hervor, während Letzterer in den zum Tal hin gelegenen Grund eingelassen ist. Die Schriftinstallationen von Lois Weinberger ergänzen das Projekt.

The ensemble pays tribute to the improvement of thought, to the lightness of architectural symbols, to the pleasure of pure materials, and to a capacity, which can still be nurtured even today, to allow time to pass as part of the creative process of making architecture, thanks to a sensitive, unhurried client. Located on a steep slope in a small village near Vipiteno, the residential ensemble is made up of three simple volumes: the house, the garage and the sauna. Together with the small chapel already on the site, they highlight a place where traces of memories from the distant past remain visible. The house backs onto the historical stone walls of the formerly derelict farmstead, restored as the first step in the project; with views across the valley through large windows, this simple volume is clad with wooden shingles that were specially weathered for over a year to ensure the ambient tones and colours are reflected perfectly. One element that stands out is a square steel box set into the restored wall above the entrance stairway, between the house and the older wall. It contains an old-school dining nook, a typical South Tyrolean *Stube*. The three new buildings adapt gently to the topography, as the mass of the garage and sauna in particular enter into a dialogue based on contrast; the former extends outwards from the slope, while the latter is wedged into the hillside, facing across the valley. The font installations by the artist Lois Weinberger enhance the project.

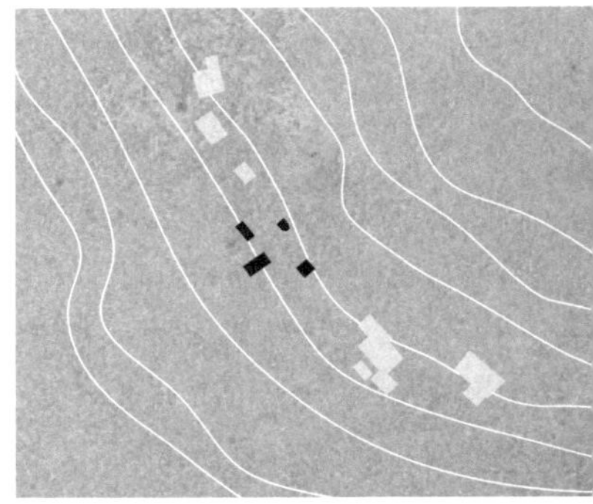

Fertigstellung: 2011
Ort: Flans, Sterzing
Bauherrschaft: Brunner
Kunst am Bau: Lois Weinberger

Completion: 2011
Location: Flanes, Vipiteno
Client: Brunner
Art in architecture: Lois Weinberger

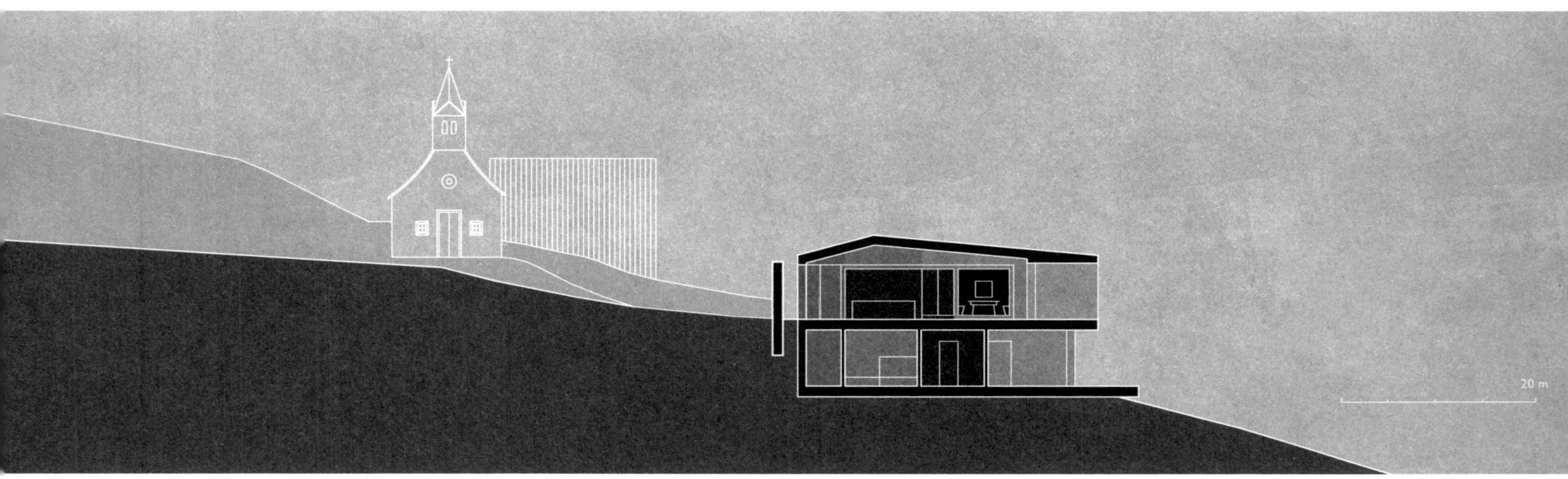

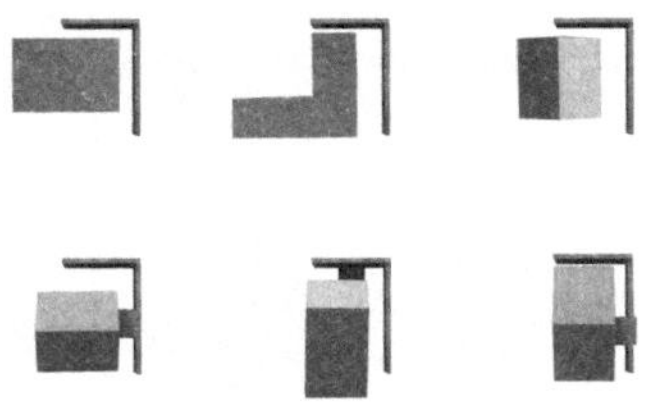

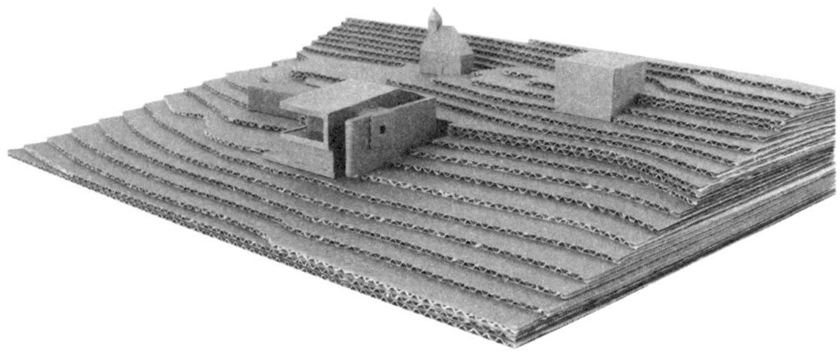

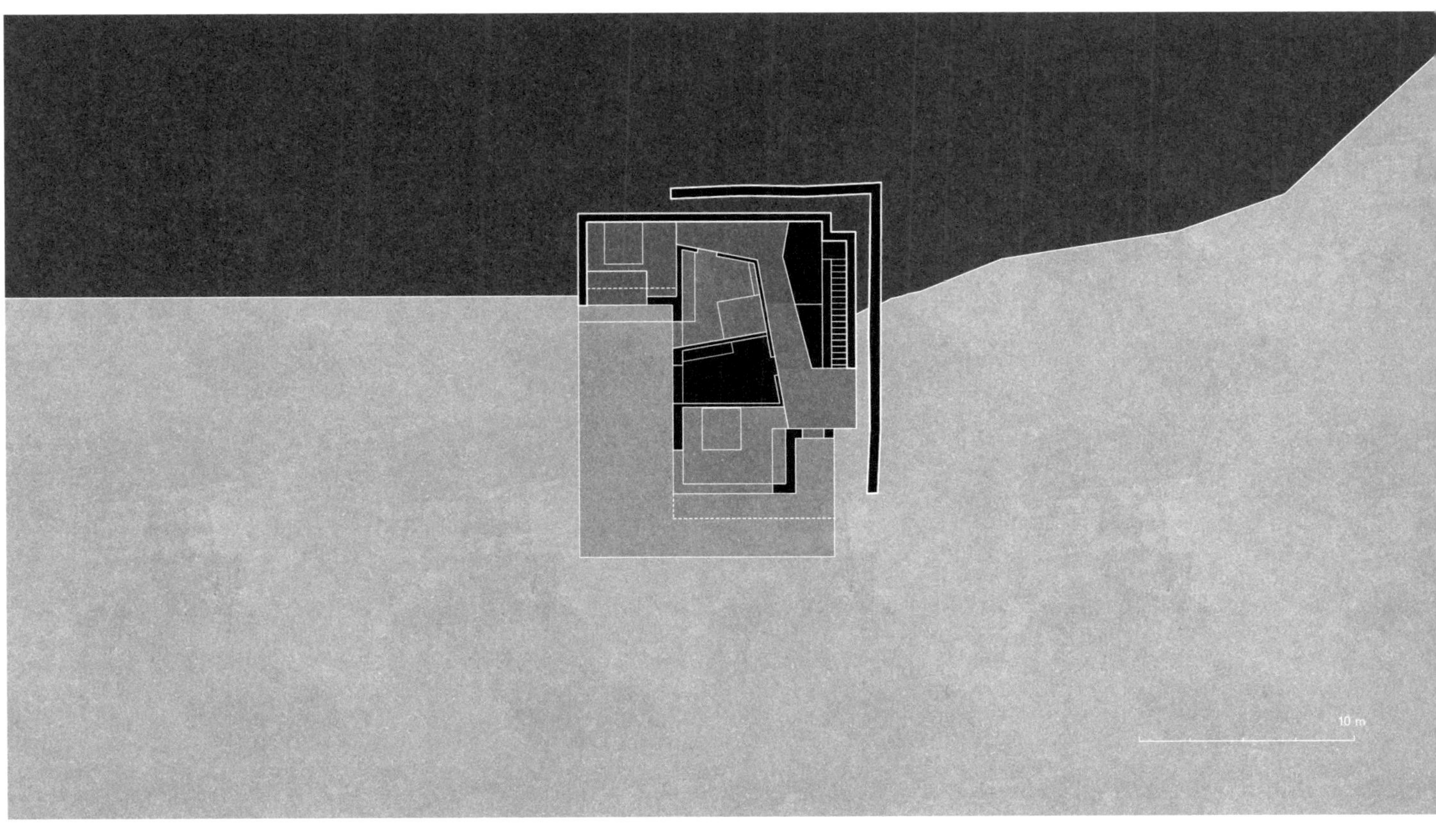
10 m

VERBUNDEN – FEUERWEHR MARGREID

CONNECTED – MAGRÈ FIRE STATION

Achtsamkeit im Hinblick auf die umgebende Landschaft aus Felsen und Weinbergen, Respekt für eine schwierige und komplexe Umgebung, ein aufmerksamer öffentlicher Bauherr und eine unkonventionelle architektonische Vision bilden die Ausgangspunkte für den ungewöhnlichen und äusserst innovativen Stützpunkt der Feuerwehr von Margreid. Für den Bau wurde, wie in Südtirol üblich, ein öffentlicher Wettbewerb ausgeschrieben. Das Siegerprojekt sah vor, das neue Gebäude nicht auf wertvoller landwirtschaftlicher Grünfläche zu errichten, sondern es in den Felsen einzugraben – eine innovative und nachhaltige Lösung, die unnötigen Flächenverbrauch vermeidet und ein Szenario schafft, das zum Alleinstellungsmerkmal des Orts geworden ist. Aussen eine Betonwand, der einzige sichtbare Teil des baulichen Eingriffs. Einen Meter entfernt von der rückwärtigen massiven Felsmauer markiert sie die Präsenz des neuen Standorts und dient zugleich als Schutz vor Felsstürzen. Die Mauer, die dunkel gehalten ist, eine leichte Neigung aufweist und dem Verlauf des Berghangs folgt, passt sich farblich den Felsen an und lässt damit das Gebäude beinahe verschwinden. Die drei miteinander verbundenen Kavernen stehen mit der Hauptachse senkrecht zum Berg. Zum einen treten die Fahrzeug- und Maschinenräume, von Metall gerahmt, aus der Betonwand heraus, zum anderen der doppelt so hohe, verglaste Baukörper, in dem die Verwaltungsbüros und der Raum für die Freiwilligen untergebracht sind.

An attentive approach to the rocky landscape dotted with vineyards, respect for the challenging and fragile local environment, a vigilant public-sector client and an unconventional architectural vision formed the starting points for the unusual, highly innovative fire station in Magrè. Selected in an open competition – a method that has been common practice for several years in South Tyrol – the new complex was excavated into the rock face as an alternative to constructing a new building in a nearby field and thus occupying productive agricultural land. This unusual but intelligent and far-sighted solution avoids unnecessary land use and its dramatic staging is now something of a landmark. On the exterior, a reinforced concrete slab, the only part of the project visible from outside, is set one metre in front of the compact rock face, marking the presence of the new fire station and at the same time affording protection against falling rocks. The dark tones of the wall, which is set at a slight angle, echoing the contours of the mountain, blend in with the rock's colouring, so that the architecture almost disappears. The three interlinked caverns within are arranged along a principal axis that runs perpendicular to the mountain; emerging from the walls between, metal frames surround sections for vehicles and equipment, alongside a double-height glazed structure that houses the administrative offices and a room for volunteers.

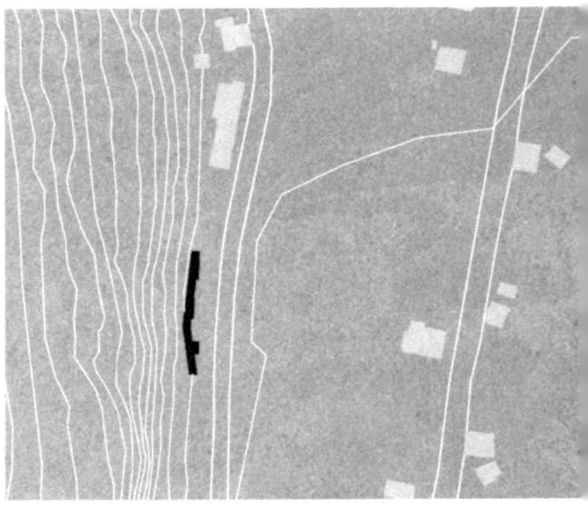

Wettbewerb: 2009, 1. Preis
Fertigstellung: 2010
Ort: Margreid an der Weinstraße
Bauherrschaft: Gemeinde Margreid

Competition: 2009, 1st prize
Completion: 2010
Location: Magrè sulla Strada del Vino
Client: Municipality of Magrè

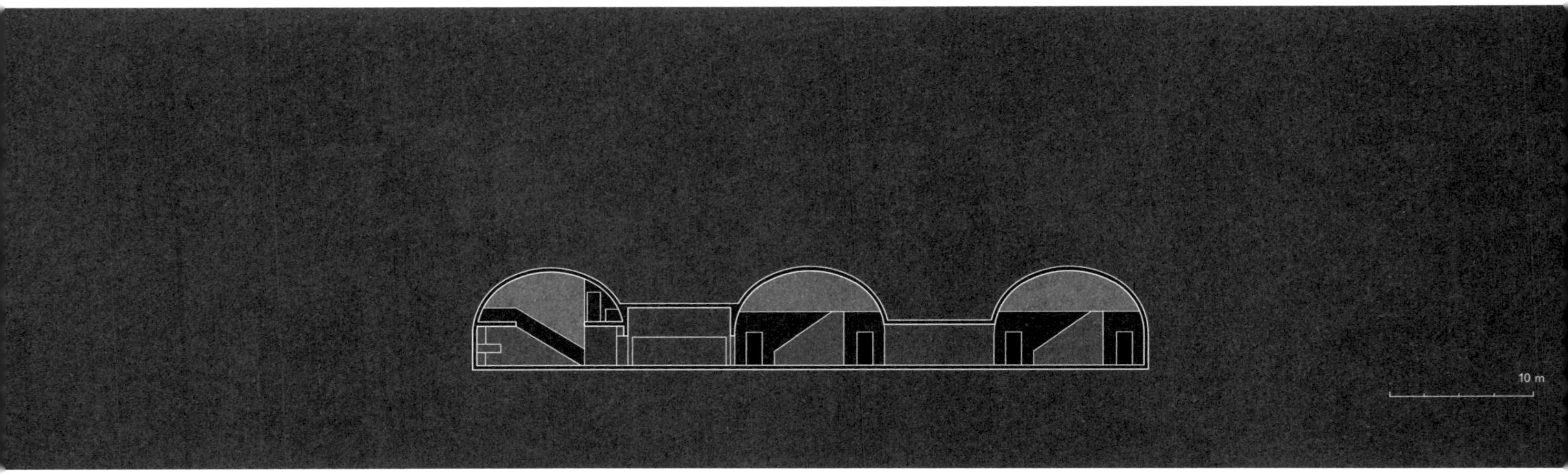

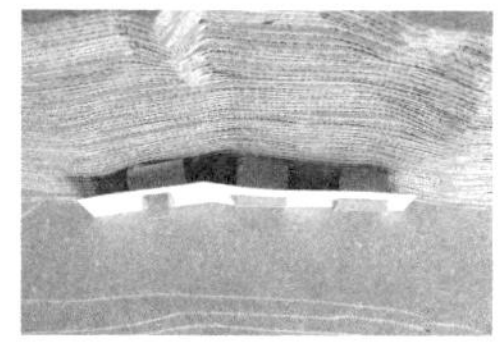

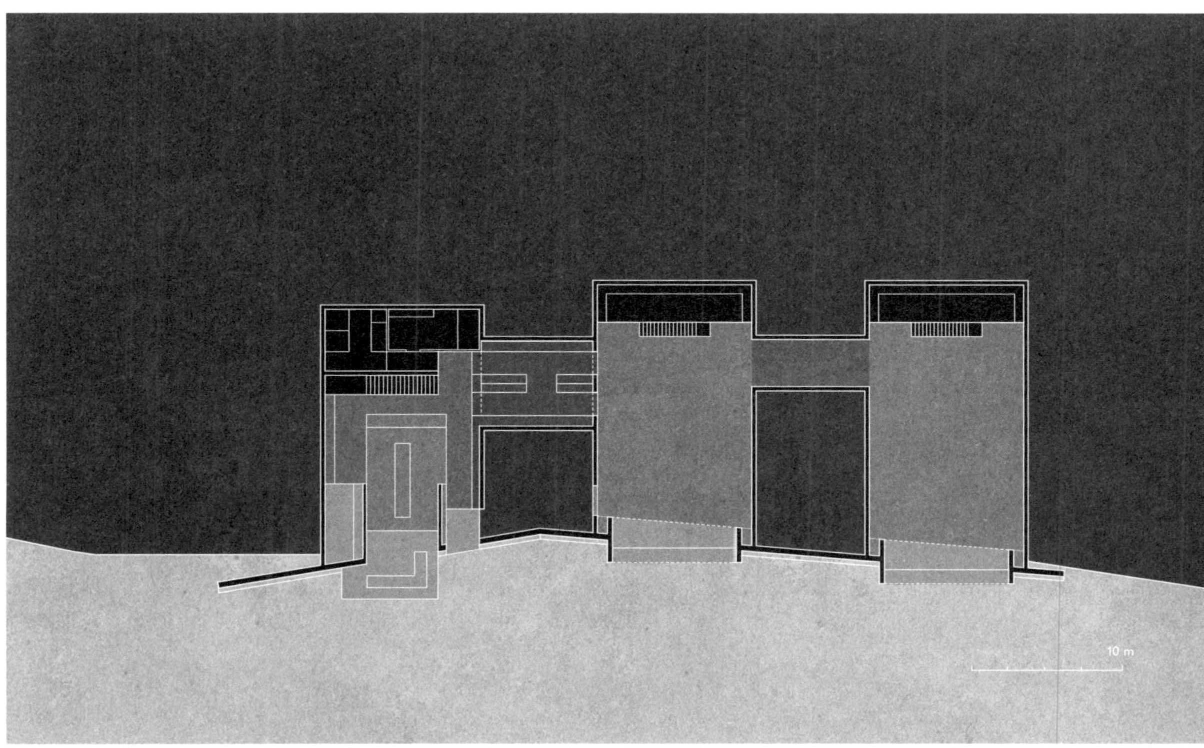
10 m

GEFALTET – HOLZSCHNITZEREI PERATHONER

CREASED – WOODCARVING WORKSHOP PERATHONER

Eine Ebene einzuschneiden oder zu falten, verformt ein zweidimensionales Element in eine komplexe Struktur, die Räume der Verdichtung und der Leere ausformt. Es entstehen so ungeahnte Räumlichkeiten, wobei die Oberfläche Tiefe, Bewegung und Volumen gewinnt. Im Fall des Ateliers von Ulrich Perathoner folgt die Form des Gebäudes den Gesten des Holzkünstlers, dem Schnitzen und Falten – wie ein Holzblock, der kurz davor ist, in eine Skulptur verwandelt zu werden. Damit zitiert das Projekt, das aus einem Wettbewerb hervorgegangen ist, die in Gröden seit Jahrhunderten bestehende Kulturtechnik des Schnitzhandwerks und hebt sich doch deutlich von den übrigen Bauwerken des Tals ab. Dank seiner besonderen Geometrie erscheint der Baukörper facettenreich und zusätzlich akzentuiert durch die Schindeln, mit denen er komplett bedeckt ist. Deren Holz kann nachreifen und seine Farbkraft im Laufe der Jahreszeiten verändern, um dem Projekt genau jene Patina zu verleihen, die das Vergehen der Zeit sichtbar macht. Die tragende Struktur der Holzschnitzerei ist das Ergebnis des Zusammenwirkens von Handwerkern und Unternehmen vor Ort, die die Absicht hatten, gemeinsam an verschiedenen neuen Ansätzen zu experimentieren. Die Struktur basiert auf selbst tragenden Dreieckselementen, in die eine Dachrinne für das Auffangen von Regenwasser integriert ist. Diese konstruktiven Dreiecke sind sowohl von aussen als auch im Inneren des Gebäudes sichtbar und spürbar.

Carving and bending a flat piece of material transforms a two-dimensional component into a complex structure, configuring solids and voids to generate entirely new forms and spaces in which the surface takes on depth, movement and volume. In the design for the artist Ulrich Perathoner's workshop, which picks up on the movements of the sculptor's hands, the actions of carving and bending serve as a means to shape the new building, envisaged as a block of wood to be transformed into sculpture. Selected in a competition, the project explicitly recalls the artistic craftsmanship of Val Gardena, where this building is located, tying into centuries of local tradition while endeavouring to stand out from the surrounding architecture. In this spirit, the geometry makes this volume appear multifaceted, an effect enhanced by the wooden shingles cladding the exterior, which are made of timber chosen specifically to change colour as it matures with the changing seasons, imbuing the project with a patina that testifies to the passage of time. The workshop's load-bearing frame is the fruit of teamwork, produced in conjunction with local craftspeople and businesses that explored new technical solutions together. It is based on self-supporting triangular forms that incorporate the guttering for rainwater collection, a system visible from both inside and outside the building.

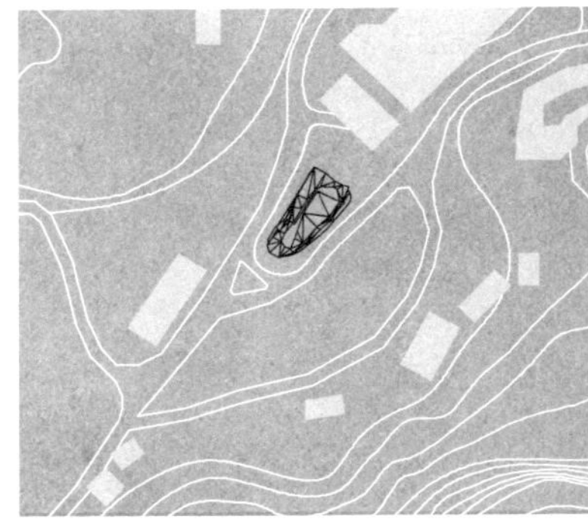

Wettbewerb: 2009, 1. Preis
Fertigstellung: 2012
Ort: Pontives, Gröden
Bauherrschaft: Perathoner

Competition: 2009, 1st prize
Completion: 2012
Location: Pontives, Val Gardena
Client: Perathoner

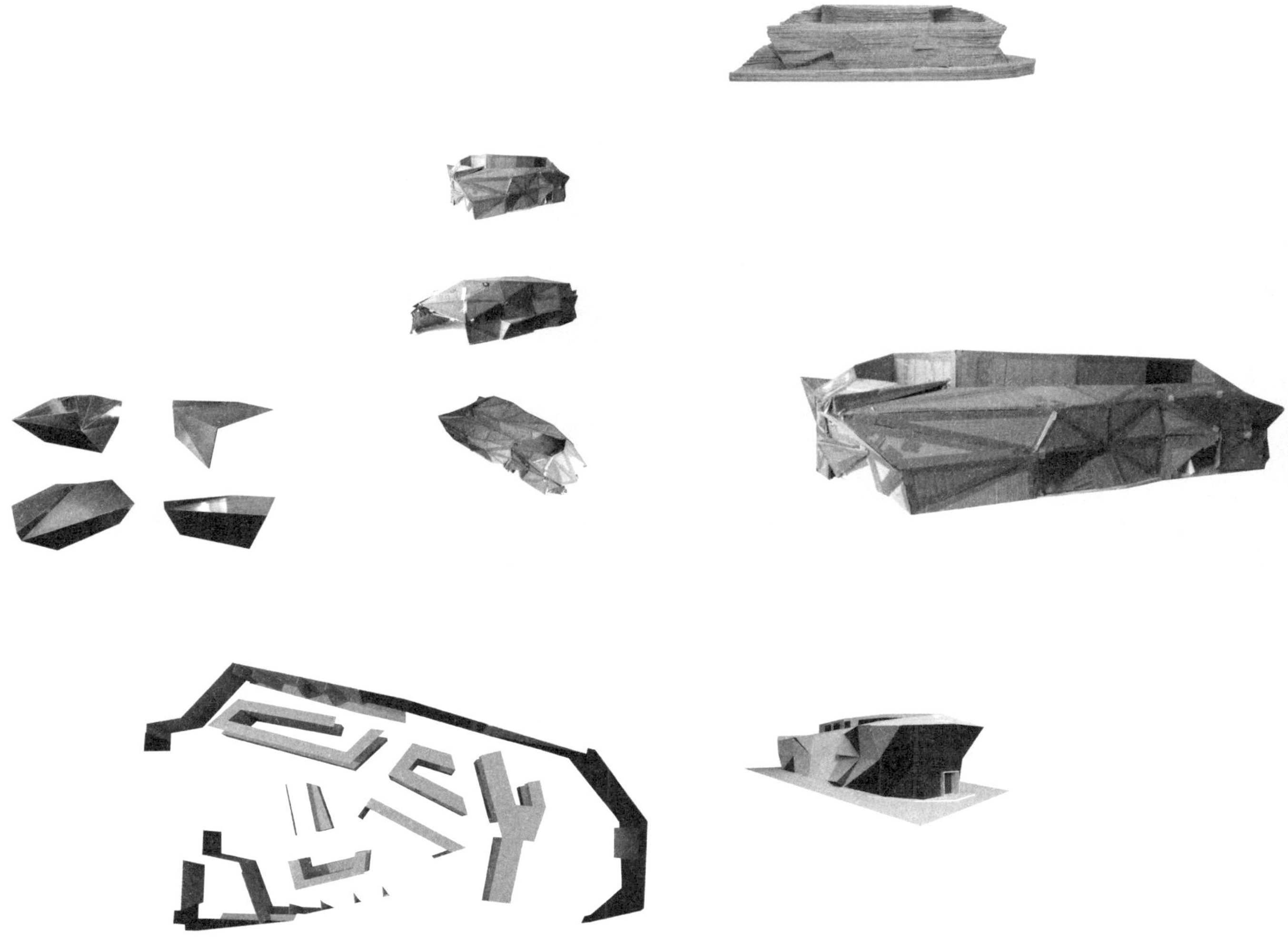

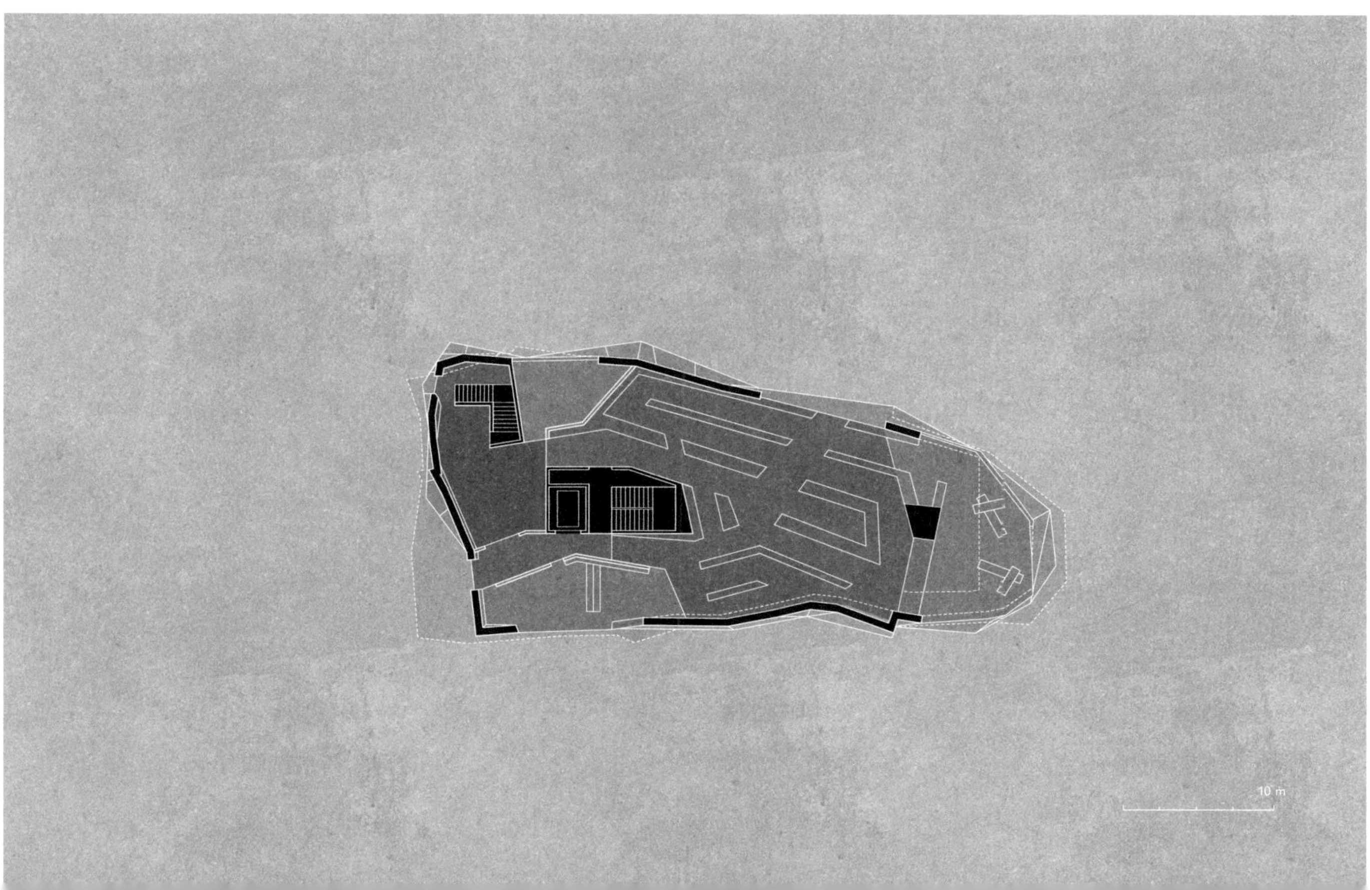
10 m

Das Projekt für die geschichtsträchtige Kellerei Schreckbichl entwickelte sich schrittweise: Durch mehrere Eingriffe im Laufe der Zeit sollte der Betriebskomplex ein vollständig neues Bild erhalten, und zwar ohne Abrisse, sondern im Dialog mit den bestehenden Gebäuden, Altes und Neues verbindend. In einem ersten Bauprozess sind zwei Materialien gewählt worden, die das Projekt prägen sollten: Holz und Metall. Zwei Materialien, die sich einander annähern und dabei das Existierende umfassen, aber zugleich neue Zwischenräume schaffen. Der Haupttrakt – in dem sich die Edelstahltanks befinden, die Abfülleinrichtung, das Flaschenlager und die Büros – wurde mit einer neuen Fassade aus Eichenholz umhüllt, die 50 Zentimeter von den Wänden des Bestands absteht und Bretter und Fugen in verschiedenen Grössen aufweist. Es ist ein in drei Teile gegliederter Baukörper, in dem in einem plastischen und materiellen Spiel Fülle und Leere alternieren. Die runden, reflektierenden Oberflächen des Künstlers Philipp Messner brechen dazu kontrastierend in die ruhige und materiell einheitliche Oberflächenstruktur der Fassaden ein. Auf der gegenüberliegenden Seite markiert eine lange, schwarz beschichtete metallische Konstruktion eine neue Kulisse und wird am Ende zur auskragenden Überdachung eines grossen offenen Raums, der bei der Lese als Sammelpunkt für die Trauben fungiert, aber auch als Ort des geselligen Zusammenseins. Im Zuge des zweiten Eingriffs entstand ein Hofbereich, der von einer offenen Metallstruktur mit integrierten Pflanzkästen begrenzt wird. Dieser vertikale Hängegarten schafft einen harmonischen und dynamischen Raum, der sich je nach Jahreszeit auch farblich ganz unterschiedlich präsentiert. In der Projektphase befindet sich eine weitere Baumassnahme: ein Turm als Teil des Gesamten, als neue *landmark* der Kellerei, inmitten der Weinberge von Schreckbichl.

The historical Colterenzio Winery has undergone various phases of development aimed at giving the winery an entirely new look: rather than demolishing any structures, the focus is instead on establishing a dialogue with the buildings already on the site, weaving connections between old and new. In the first phase, wood and metal were selected as the project's hallmarks. These two materials rub shoulders, enveloping the existing architecture while creating new interstitial spaces. The main building, which contains the stainless steel tanks, bottling plant, warehouse and offices, has been given a new wrap-around oak façade that is set 50 cm in front of the building's outer walls and is made up of timber sections and interstices of varying dimensions. The volumes are divided into three parts, alternating solid and hollow sections in an interplay between sculptural forms and materials. The rounded reflective surfaces by the artist Philipp Messner disrupt the façade's orderly configuration and material texture. On the other side, a long, black-painted metal structure constitutes a new backdrop; its extremity extends as a canopy roof over a large open space, used as a collection point for grapes as well as for socialising. In the second phase, a courtyard was created, framed by an open metal structure that holds a system of containers to grow plants in a vertical garden. The look and colour palette of this harmonious and dynamic space alters with the changing seasons. A third phase is also in the pipeline, with plans to add a tower to the main façade to serve as an emblem signposting this winery in the midst of Cornaiano's vineyards.

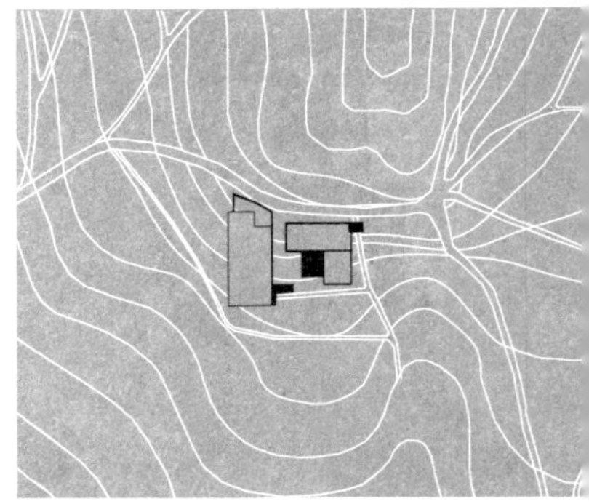

Fertigstellung: in Arbeit (seit 2011)
Ort: Girlan, Eppan an der Weinstraße
Bauherrschaft: Kellerei Schreckbichl
Kunst am Bau: Philipp Messner, Manfred Alois Mayr
Landschaft: Roland Dellagiacoma

**Completion: ongoing (since 2011)
Location: Cornaiano, Appiano sulla Strada del Vino
Client: Colterenzio winery
Art in architecture: Philipp Messner, Manfred Alois Mayr
Landscape: Roland Dellagiacoma**

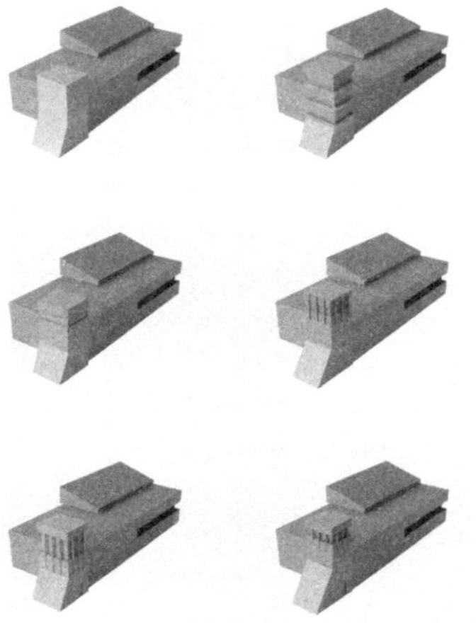

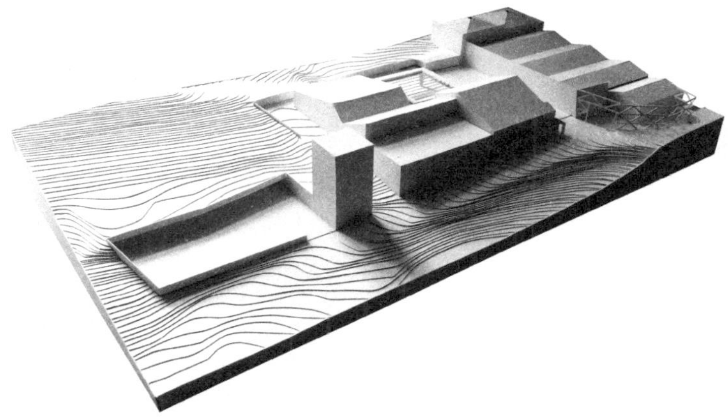

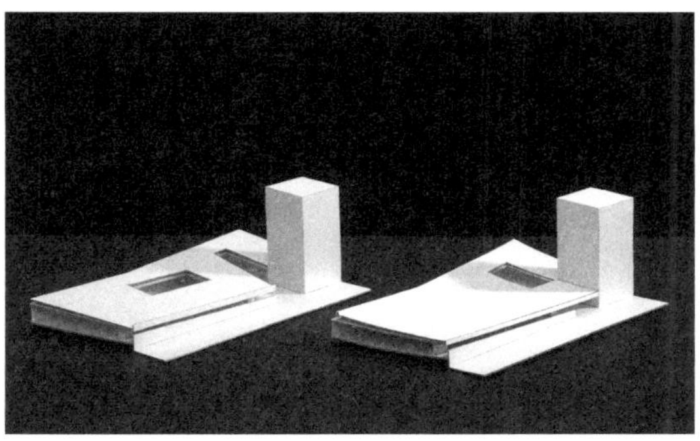

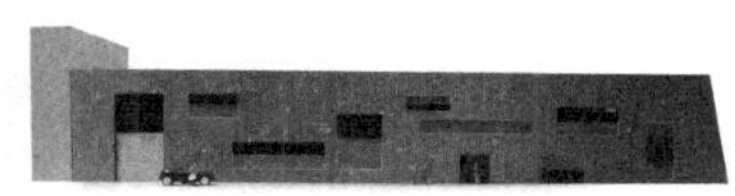

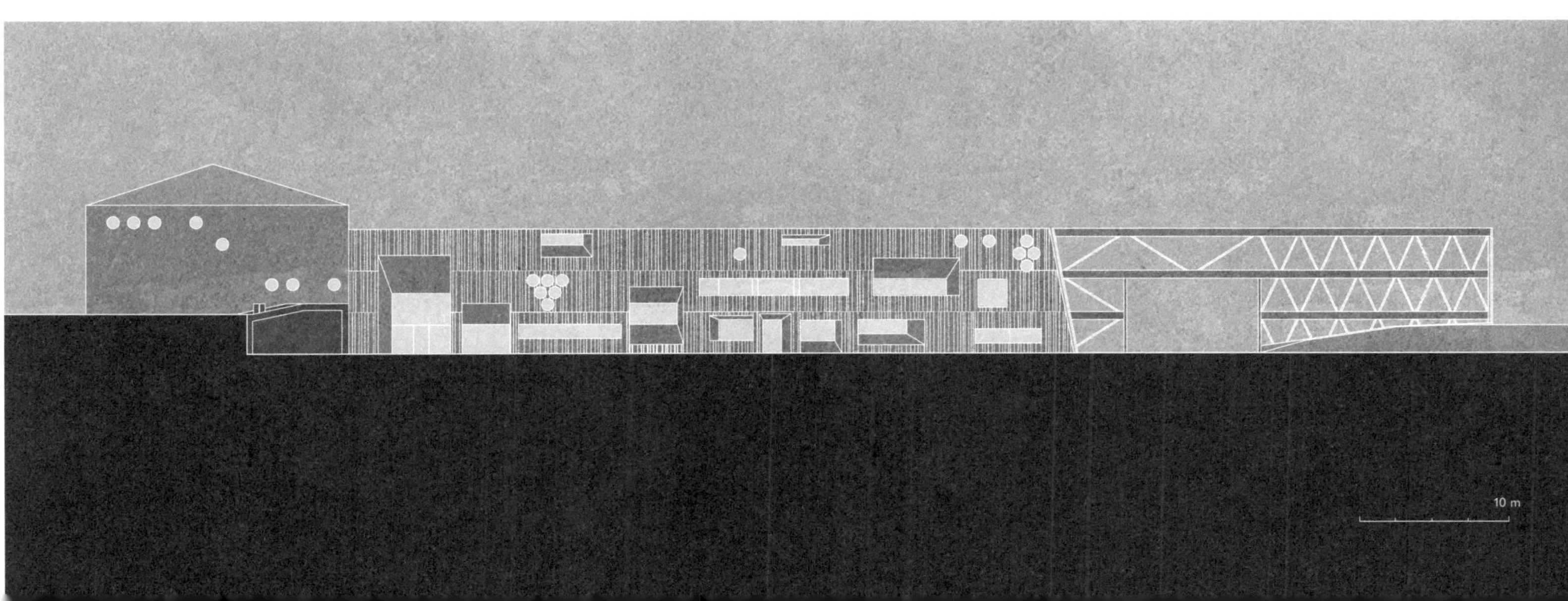
10 m

Inmitten der Natur Südtirols zu arbeiten, die oft schwierig und feindselig ist, bedeutet, dass jedes Objekt, das in sie eingefügt wird, über jene zugleich poetische und nachdrückliche Kraft verfügen muss, sich in ihr zu einem Fixpunkt zu machen. Mit dieser Haltung schiebt sich das Haus des Winzers Andreas Huber leise zwischen die Terrassierungen des Weinbergs, in dem es sich befindet, wie eine fast natürliche Verlängerung einer bestehenden Trockenmauer. Es ist ein Element, das mit dem Umfeld in einen Dialog tritt, dessen Charakter unterstützt und das Panorama akzentuiert. Wie eine Geste, die an die Formen einer künstlerischen Installation erinnert, ein dynamischer und strahlender Baukörper, der sich mit der Natur über Gegensatz und Gleichklang ins Verhältnis setzt. Die Architektur tritt harmonisch aus dem Gelände hervor und entfaltet sich entlang zweier paralleler Scheidewände: Auf der einen, geschlossenen Seite befindet sich die Trockenmauer, die für die Produktivkraft steht, auf der anderen eine dunkelfarbige Mauer aus Beton, die von grossen Fensterfronten auf die Landschaft hinaus durchbrochen wird und die Wohnräume markiert. Es sind zwei klare und präzise Zeichen, die auch in der inneren Disposition der Räume aufgegriffen werden und Ordnung und Strenge vermitteln. Der neue Baukörper wird je nach Jahreszeit anders wahrgenommen, erscheint in den warmen Monaten eher versteckt und abgetönt und in den anderen Monaten deutlicher hervortretend und lesbar in seinem Verhältnis zu den Terrassierungen. Im Projekt Hofstelle p steht das Haus bis zur Perfektion für die Eigenschaften seines Inhabers und seiner Tätigkeit als Winzer: diskret und zurückhaltend und nur zu entdecken, wenn man den Blick intensiviert, so wie der Wein, den er produziert.

Working amidst the often challenging and hostile natural environment in South Tyrol means that every object added to the landscape must have the poetic, steadfast force to become a cornerstone within it. That is the attitude that underpins the winemaker Andreas Huber's home, nestling calmly between the terraces of the surrounding vineyard as an almost natural extension of a dry-stone wall already on the site; a component that converses with the context, heightens its nuances and underscores the panorama. This architectural gesture, almost recalling an artistic installation, is a dynamic yet sober volume that enters into a dialogue with nature through both contrast and concord. Growing harmoniously out of the terrain, the house is defined by two parallel walls: the dry-stone wall on one side, with no apertures, indicating production-related activity, and a new wall in dark cement, with large windows overlooking the landscape, highlighting the residential area. These two clear, precise indicators are also echoed in the ordered, rigorous distribution of the spaces inside the building. The changing seasons shift perception of the new build, which is more hidden, with softer lines, in the warmer months, growing more noticeable and easier to read in relation to the terracing during the rest of the year. In Farmstead p's design, the residential section perfectly represents the character of its owner and his work as a wine producer: discreet and reserved, becoming clearer with a trained eye that takes a closer look, just like the wine he produces.

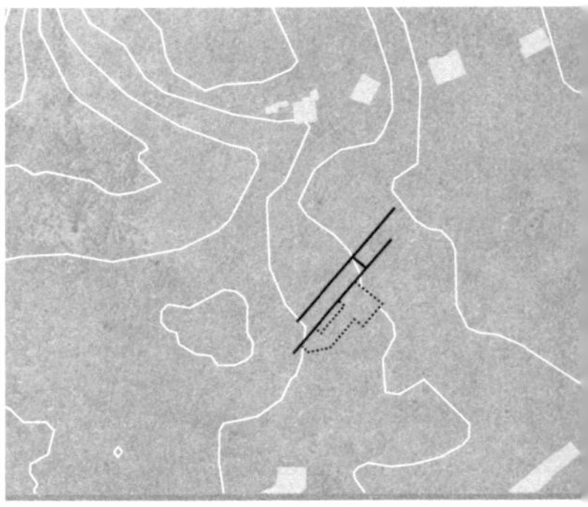

Fertigstellung: 2015
Ort: Neustift, Vahrn
Bauherrschaft: Huber

Completion: 2015
Location: Novacella, Varna
Client: Huber

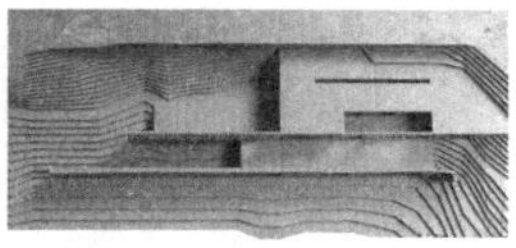

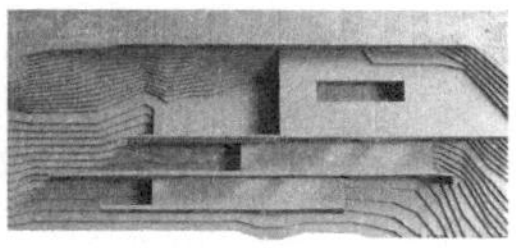

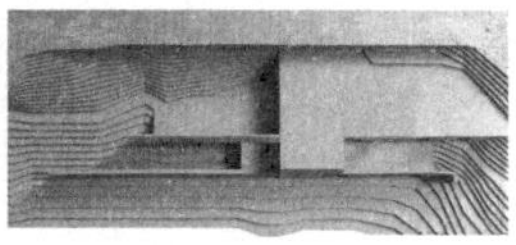

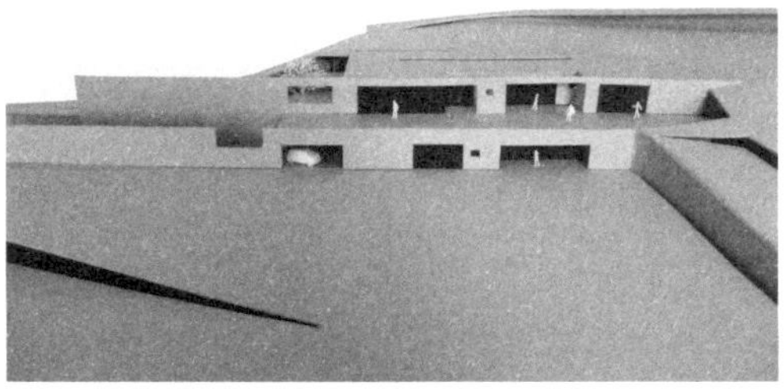

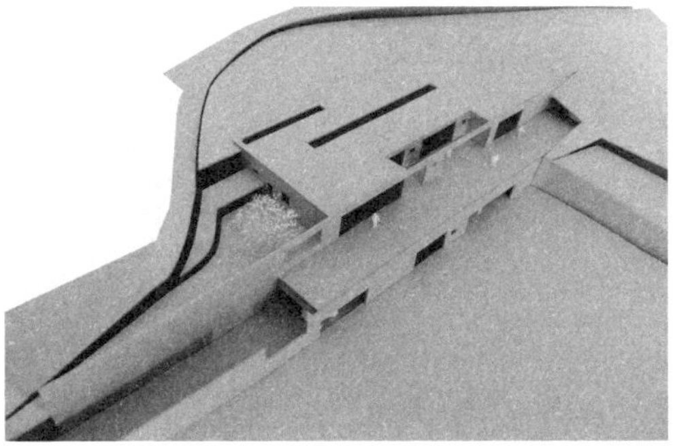

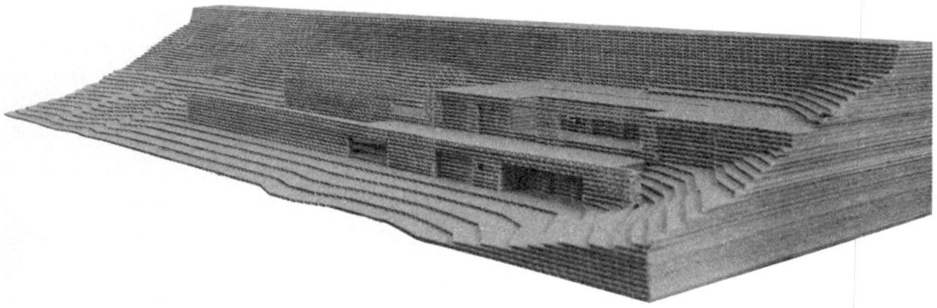

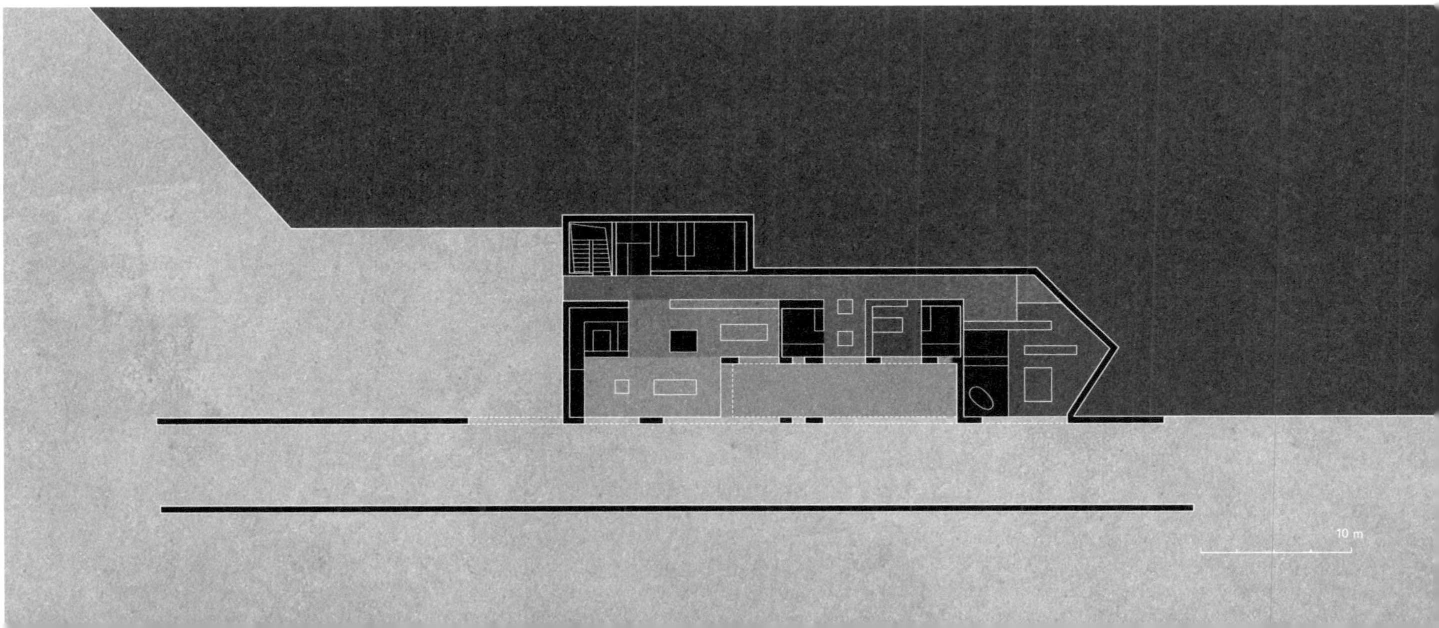
10 m

Zeitlich und räumlich nur wenig entfernt von der Hofstelle p erforscht das Projekt Köfererhof, diesmal unter tektonischen Gesichtspunkten, das Verhältnis zum Umfeld, das vom Weinbau geprägt ist, mit seinem abschüssigen Gelände und geordneten Terrassierungen in einer kultivierten Landschaft. Ein monolithischer Körper, der kraftvoll aus dem Boden und seinen Unebenheiten hervorwächst und der durch die verwendeten Materialien, Farben und geometrischen Formen ein perfekt in die Landschaft eingepasstes Zeichen schafft. Das neue Gebäude befindet sich in der Nähe des alten Hofs der Familie. Im Gegensatz zur Linienführung der nahe gelegenen Hofstelle p sind im Köfererhof Räume und Formen in einem eindrucksvollen und gegliederten Gebäude disponiert, das mit Nachdruck den lebendigen und erfinderischen Charakter seines Eigentümers Günther Kerschbaumer nachzeichnet und aufgreift – auch er ein bekannter Winzer. Der erste Schritt bei dem Projekt bestand darin, die Aussenmauern in Waschbeton auszuführen, dessen Oberfläche sich im Laufe der Zeit in Brillanz und Farbigkeit verändert – eine Art materielle und strukturelle Hülle, in die ein aus Holz vorgefertigtes Haus eingelassen wurde, das die statische Funktion übernimmt. Die Innenräume entwickeln sich über verschiedene Ebenen, so als griffen sie spielerisch über grosse und kleine, je nach Erfordernis eingefügte Öffnungen die Formen der Landschaft auf und folgten dem ständigen Querverweis zwischen innen und aussen. Ein Knick in der lang gestreckten Struktur lässt einen geschützten Innenhof zu. Dagegen führt eine breite Treppe zur Terrasse, von der aus man einen eindrücklichen Blick in die Landschaft hat.

Constructed in a similar time-frame and context to Farmstead p, the project explores, this time in a tectonic vein, the idea of a quotidian relationship with a primarily wine-growing setting defined by steep slopes and neat terracing as a flourishing and painstakingly tended natural realm. This exploration is manifested in a monolithic volume that rises up as if forcefully ejected by the land and its varying contours, delineating a new symbol that fits perfectly into the landscape thanks to its materials, colour palette and geometry. The new building is located near the old family farmstead. Contrasting with the linearity of the nearby Farmstead p, Köfererhof configures spaces and forms into imposing and eloquent architecture that emphatically echoes and draws on the lively and inventive character of its owner Günther Kerschbaumer, another renowned winemaker. The first step in the project involved constructing the outer walls in exposed aggregate concrete, which will change colour and tonality over time. That creates a kind of material and structural carapace; a prefabricated wooden house inserted within plays a load-bearing role. The interior spaces unfold across various levels, as if echoing the contours of the landscape, incorporating an interplay of larger or smaller apertures, as required, setting up an ongoing resonance between inside and outside. Another section at an angle to the long structure forms a sheltered inner courtyard. A broad staircase leads up to the panoramic terrace with its compelling views.

Fertigstellung: 2015
Ort: Neustift, Vahrn
Bauherrschaft: Kerschbaumer

Completion: 2015
Location: Novacella, Varna
Client: Kerschbaumer

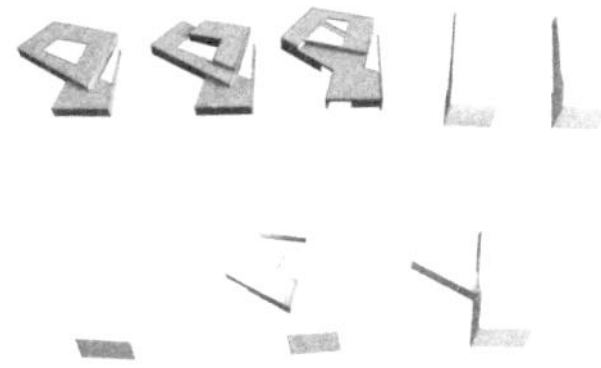

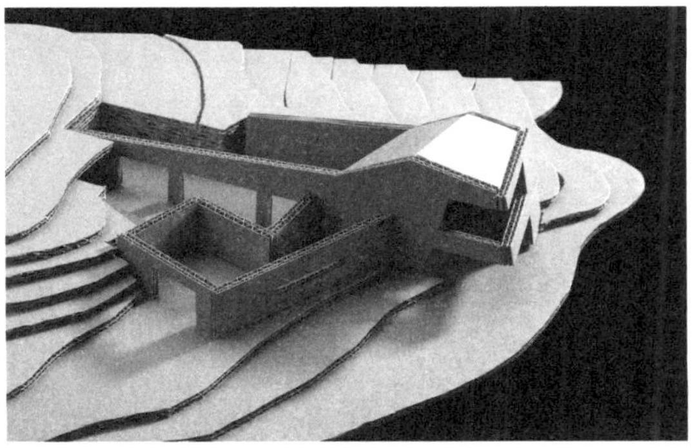

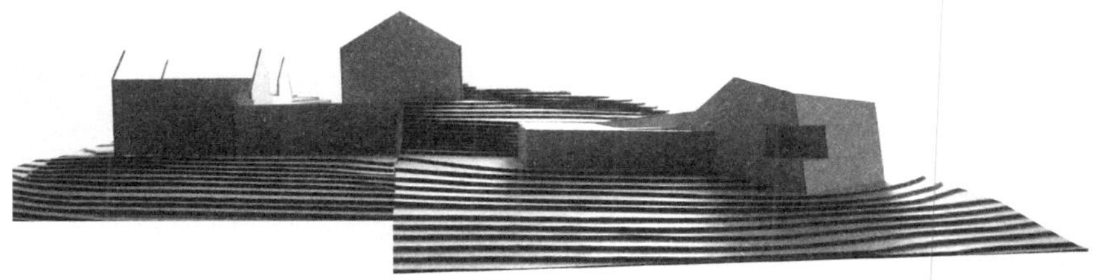

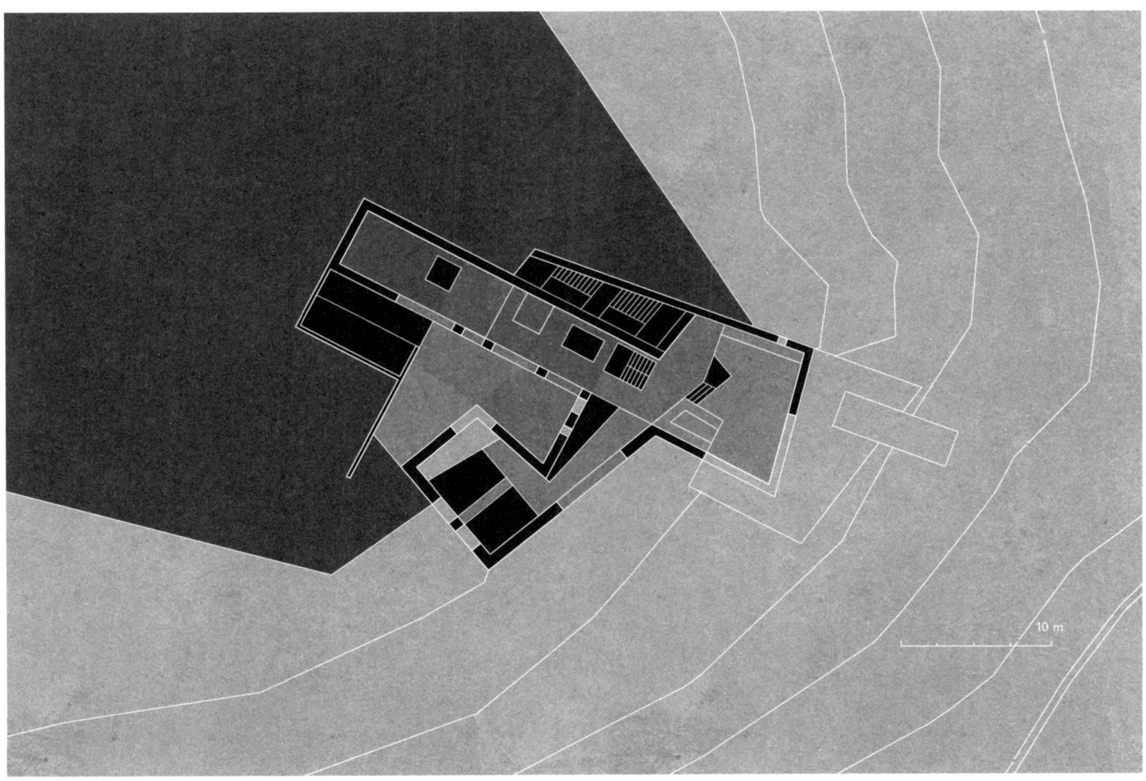
10 m

Als Ergebnis eines privaten Wettbewerbs umfasst die Baumassnahme die Restrukturierung, die Erweiterung und das Errichten einer neuen Fassade am historischen Gebäude des Hotels sowie den Neubau von drei Waldhäusern. Alles ist wie ein einziger grosser Komplex gedacht, der in die Natur eingerückt ist. Der neue Entwurf fügt sich wie eine neue Schicht in eine bestehende Struktur ein, die schon über Jahre hinweg Schichtungen erfahren hat, und schafft so wieder eine einheitliche Gestalt, die mit der umgebenden Landschaft und den drei Waldhäusern offen in einen Dialog tritt. Die neue Fassade geht von einem Fragment der Holzstruktur der alten Hofscheune aus, definiert die Form des Hauptbaukörpers neu und stützt die neuen Balkone wie auf einer grossen Theaterbühne. So entsteht ein Zwischenraum, von dem aus man zur einen Seite hin die Landschaft bewundern und zur anderen den Blick auf das Gebäude richten kann. Die Erweiterung des Hauptgebäudes ist wie ein langer Flügel aus Beton strukturiert, der vom bestehenden Gebäude ausgeht, sich dann neigt und sich in der Höhe zwischen den Niveaulinien artikuliert. Die Waldhäuser sind fächerartig in der Nähe des Hauptgebäudes angeordnet, liegen unterschiedlich weit voneinander entfernt und auf verschiedenen Höhen. Die einfache Form aus Detaillösungen ist auf das Wesentliche reduziert. Die drei Baukörper, komplett aus Holz errichtet, sind mit Betonscheiben vom Boden abgesetzt. Kraftvoll monolithisch wirkend und den schattigen Waldgrund ergänzend präsentieren sie sich und dokumentieren doch feinfühlig durch Materialität, Lichtführung und bauliche Poesie ein sinnlich behütetes Inneres.

Selected in a private-sector competition, the project involved the renovation, extension and construction of the new façade for the historical hotel building, along with three new forest houses, conceived as a single large-scale ensemble in the midst of the countryside. As a new layer overlapped with an existing structure that has already developed multiple strata over the years, the project aimed to re-establish a unified appearance, conversing freely with the surrounding landscape and the three forest houses in the woods. Inspired by a fragment from the wooden frame of the farm's old barn, the new façade redefines the silhouette of the principal corpus and provides support for the new balconies, like a large stage in a theatre, generating an intermediate space that affords a view of the landscape on one side and the older building on the other. The extension is structured like a long concrete wing, projecting out from the older building and subsequently inflected at an angle, adapting to the changes in relief. The three forest houses, with simple, pared-down forms rooted in meticulously detailed design solutions, are arranged in a fan pattern near the main building, set at varying distances from each other and at different heights. These three volumes are raised off the ground by concrete partitions, clad entirely in dark timber, making them look like small monoliths blending into the depths of the forest.

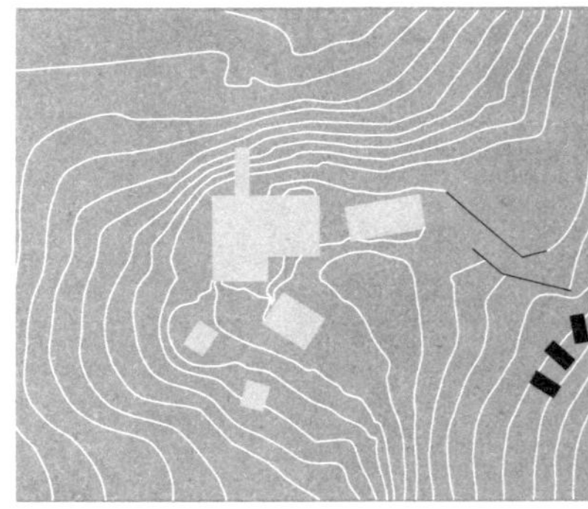

Wettbewerb: 2015, 1. Preis
Fertigstellung: 2017
Ort: Deutschnofen
Bauherrschaft: Hotel Pfösl

Competition: 2015, 1st prize
Completion: 2017
Location: Nova Ponente
Client: Hotel Pfösl

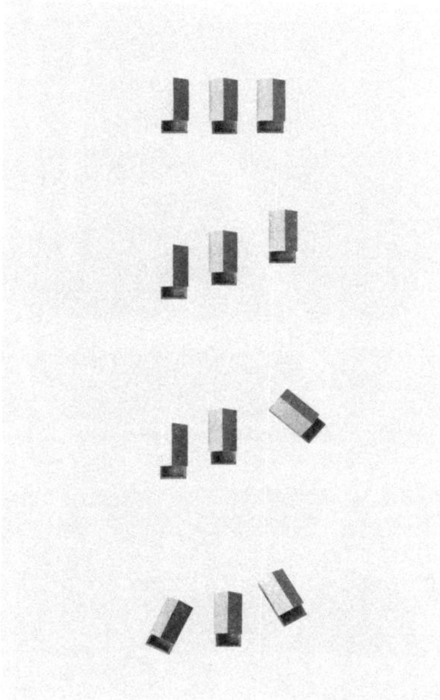

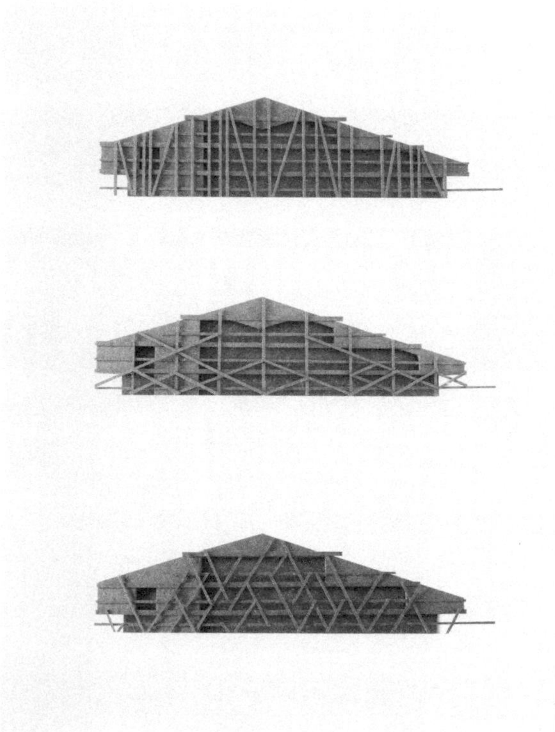

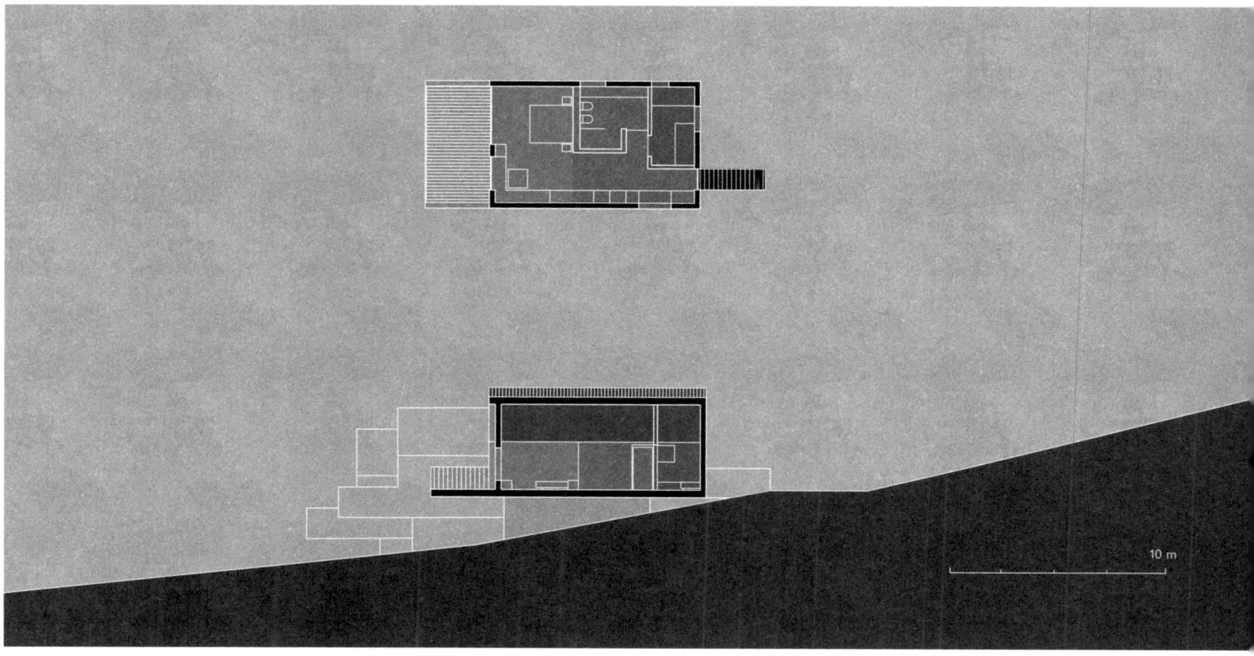
10 m

AUSGEDEHNT –
FERIENHAUS F AM GARDASEE

EXTENDED – HOLIDAY HOME F
BY LAKE GARDA

Ein denkmalgeschütztes Gebiet, ein weitläufiger Garten und eine blühende, üppige Natur: Wenige, aber grundlegende Faktoren bildeten die Leitlinien für dieses Projekt, das buchstäblich in die Landschaft eingepflanzt wurde. Es sind nur wenige Zeichen gesetzt, um die Beziehung zwischen Existierendem, dem neuen Artefakt und der Seelandschaft herzustellen. So entsteht das Ferienhaus in Toscolano-Maderno am Gardasee. Der Entwurf ist aus einem privat ausgelobten Wettbewerb hervorgegangen und in Zusammenarbeit mit dem Denkmalamt entwickelt worden. Dies hat die Bauzeit etwas in die Länge gezogen, aber das Projekt reifen lassen, sodass es vollkommen in sein Umfeld eingepasst werden konnte. Beim neuen Baukörper handelt es sich um die Erweiterung eines bestehenden Hauses, das sich zu einem Garten mit hundertjährigen Palmen und einem Zitronenhain hin öffnet, zu dem es kontrastiert. Der Anbau ist in Beton unter Zusatz von schwarzem Pigment ausgeführt worden und vollständig verglast. Sein horizontales Dach fungiert zugleich als Terrasse für das dahinterliegende Haus, wodurch der Bau fast im Garten zu verschwinden scheint und zu dessen integralem Bestandteil wird. Die auf den Garten ausgerichteten Räume können dank der experimentellen Fensterfronten, die sich vollständig in den Boden absenken lassen, und durch den Fussboden aus naturbelassenem Stein in den Garten projiziert beziehungsweise verlängert werden. Im Wohnzimmer ist ein Teil der Fassade des historischen Hauses zur Innenwand geworden. Ein Pool im Garten ergänzt das Projekt.

A few crucial considerations determined the options chosen in this project, which is truly immersed in the landscape: an area under a nature conservation order plus an extensive garden, surrounded by luxuriant, lush countryside. A handful of key elements struck the right note for a dialogue between the existing features of the site, a new building and the lakeside setting. These constraints defined the project designed for a holiday home in Toscolano-Maderno on Lake Garda. Selected in a restricted private competition, the project required approval from the planning authorities, which slowed implementation somewhat but allowed the project scope to develop to fruition and meld perfectly with the setting. The new extension, added to the older house that opens onto a garden with hundred-year-old palm trees and a grove of lemon trees, enters into a contrast-driven dialogue with this existing building. Constructed from cement with black pigment and floor-to-ceiling glazing, and incorporating a roof that also serves as a terrace for the adjacent house, the new-build extension almost seems to disappear into the garden, becoming an integral part of it. The interiors open onto the garden via the large windows, custom-made by South Tyrolean artisans and designed to sink into the ground, turning the roughly textured stone floor into a natural extension of the lawn. Part of the external façade of the existing house serves as an internal wall in the living room. A swimming pool in the garden adds the finishing touch to the project.

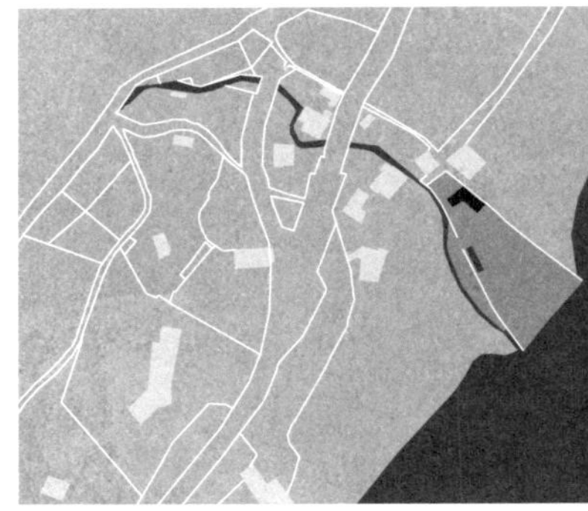

Fertigstellung: 2017
Ort: Toscolano-Maderno
Bauherrschaft: Fritscher

Completion: 2017
Location: Toscolano-Maderno
Client: Fritscher

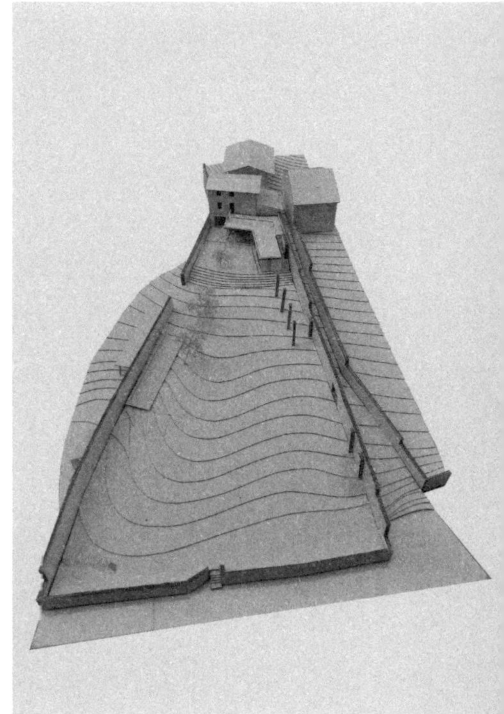

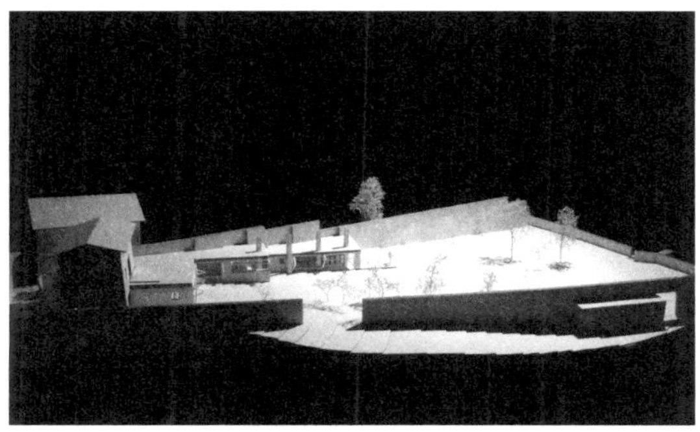

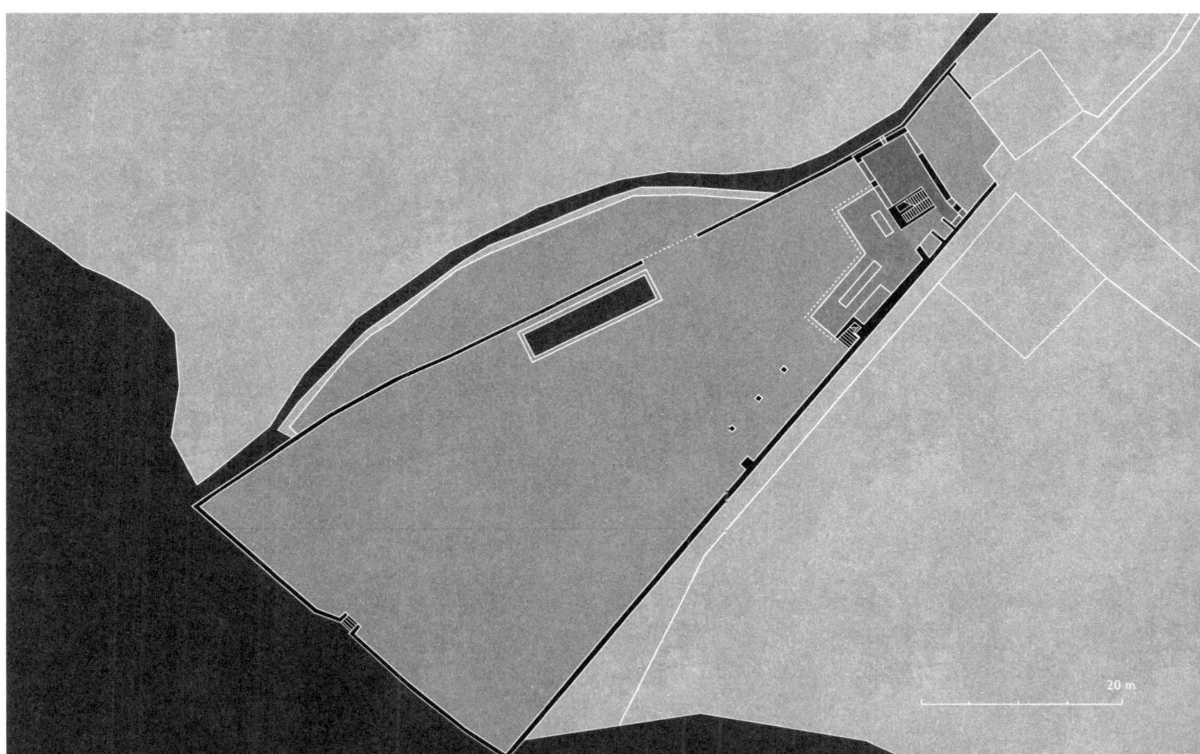
20 m

Das Projekt Pacherhof begann zunächst mit der sorgfältigen Restaurierung des alten Kellers im Untergeschoss des bestehenden Bauernhofs. Eine eingehende Beschäftigung mit den Spuren der Geschichte hat die Linien vorgegeben, die diese Baumassnahme bestimmten. Sie zielte darauf ab, in den bestehenden Räumen mit wenigen funktionalen Elementen und Materialien wie Holz und Stahl Akzente zu setzen und die Räume so zu bereichern. Die anschliessende Erweiterung, die der Weinproduktion dient, ist durch einen pyramidenartigen Turm gekennzeichnet, der mit Paneelen aus nachgedunkelter Bronze eingekleidet ist. Es handelt sich um ein Material, das sich im Laufe der Zeit verändert und damit auf die farblichen Changierungen der Felsen und Berge der Umgebung Bezug nimmt. Der Baukörper beherbergt im ersten Stockwerk das Labor und einen Raum für Weinproben, während im Untergeschoss die Weinproduktion beginnt. Um die Oberfläche der Fassaden in ihrem Charakter zu erhalten, weist der Bau wenige, bündig platzierte Fensteröffnungen auf. Der neue Keller im Untergeschoss spielt mit dem Kontrast zwischen dem Stahl der Tanks und dem weissen grobkörnigen Verputz. Er ist über einen engen Durchgang mit dem bestehenden Keller mit seinen Eichenfässern verbunden. Die beiden Bauten können so harmonisch und mit wechselseitigem Respekt für die jeweiligen Räumlichkeiten miteinander in Dialog treten. Dabei können sie mit dem Gegensatz und dem Gleichklang der Materialien spielen und einen einzigartigen Ort schaffen, der dem Wein gewidmet ist, seiner Produktion, seinem Genuss und seinem Verkauf.

The Pacherhof project began with a painstaking restoration of the old wine cellar in the farmhouse basement. Careful re-reading of the historical traces informed the intervention, which emphasises and enhances the existing spaces using a few functional elements and simple materials like wood and steel. The later extension, used for wine production, is announced by a pyramid-shaped tower clad in burnished bronze panels that develop patina as time passes, recalling the changing hues of natural stone and the surrounding mountains. It accommodates an office/laboratory and a tasting room on the first floor, while the grape delivery point is on the lower floor, demarcated by a few openings set flush to maintain the smooth surface of the façades. The new underground wine cellar, which plays with the striking contrast of steel tanks and rough-grained white plaster, is connected via a narrow passage to the older cellar in which the oak barrels are still stored. This allows the two structures to enter into a harmonious dialogue while asserting their own identity, playing on the contrasts and affinities intrinsic to the materials and coming together as a grand ensemble devoted to production, consumption and sales of wine, all couched within the typical painstaking design idiom of local hospitality and traditions.

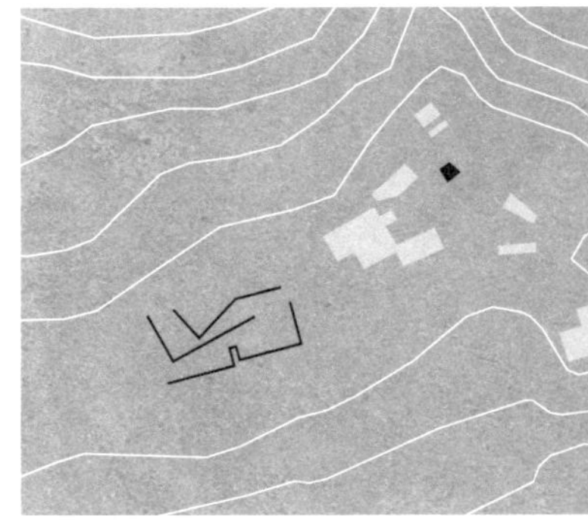

Alter Keller: 2016
Neuer Keller: 2018
Hotel: in Arbeit
Ort: Neustift, Vahrn
Bauherrschaft: Pacherhof

Old cellar: 2016
New cellar: 2018
Hotel: ongoing
Location: Novacella, Varna
Client: Pacherhof

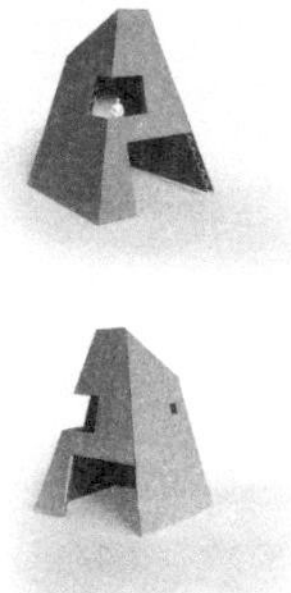

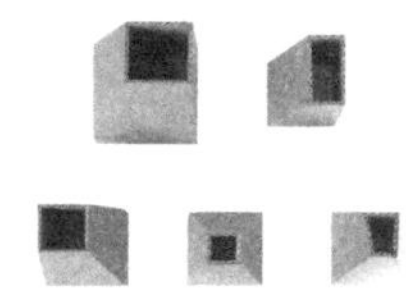

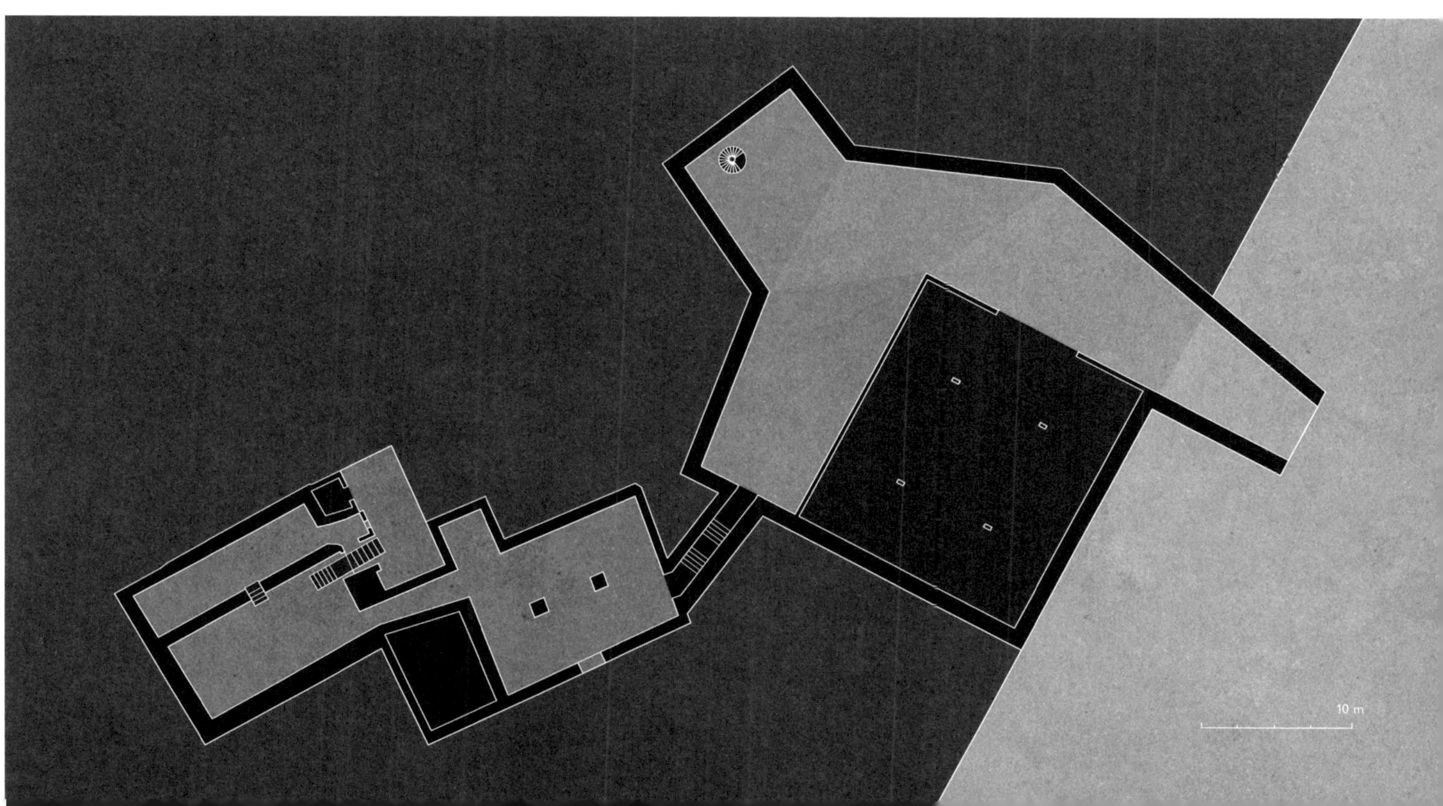
10 m

Die Erweiterung des Hotel Belvedere zeugt davon, wie ein Gebäude in die Landschaft zurücktreten, Teil von ihr werden kann und sie zugleich in ihrer Gestalt überhöht. Das Hotel, das aus einem privaten Wettbewerb hervorgegangen ist, entfaltet sich in einem einzigen runden Baukörper am Waldrand auf einem felsigen Abhang, dessen Linienführung es aufnimmt. Der ortstypische rote Porphyr wird im Beton des Gebäudes farblich fortgesetzt: ein Spiel mit sandgestrahlten und grob strukturierten Oberflächen, mit Zusätzen vom Ort selbst – vom Felsen. Ein Gestalt gewordener Ort, an dem die Grenzen zwischen Landschaft und Gebäude verschwimmen und das Bauwerk mit der Umgebung eins wird. Im Gebäude befinden sich 26 Suiten, deren Loggien ein Spiel aus Schatten und Licht hervorrufen und so einen fortwährenden offenen Austausch zwischen dem Innen der Räume und dem Aussen der umgebenden Landschaft zulassen. Eine Reihe von Säulen, die sich an der Abfolge der Loggien orientiert, gibt der Fassade ihrer Rhythmus. Der runde Baukörper der Suiten trifft an der Tangente der Erweiterung auf den geradlinigen Parkplatz, der der Geländegestalt folgend eine direkte Zufahrt zur abschüssigen Hauptstrasse bietet. Das natürliche Licht, die eigens entworfenen Leuchtkörper sowie die unterschiedliche, farblich abgestimmte Oberflächenbeschaffenheit der Wände bringen eine Architektur hervor, die das Raumgefühl eines jeden intensiviert, der sie durchstreift.

The Hotel Belvedere extension demonstrates how architecture can also make a statement in the midst of the landscape, participating in it and enhancing its forms. Set at the edge of the forest, the design for the hotel, chosen in a private competition, creates a single circular building that echoes the lines of the rocky slope and is constructed in cement that has been mixed with red porphyry to recall the hue of the reddish soil in the surrounding area. The place-as-form blurs the boundaries between landscape and architecture, merging construction and context. The building contains twenty-six suites with loggias that create an interplay of shadows and light, triggering an open-ended dialogue based on perpetual interactions between interior spaces and the landscape outside. A series of pillars punctuates the façade, chiming with the loggias. Set at the point where the curved volume accommodating the suites meets the extension at an angle, the rectilinear area of the car park incorporates one entrance per floor from the steep main road, mirroring the site's morphology. Natural light and specially designed lighting fixtures, together with a carefully chosen colour palette and varying texturing for the walls, ranging from fine-grained, sandblasted sections to rough surfaces, create an overall space that resonates in every nook and cranny, enlivening guests' experience of the architecture.

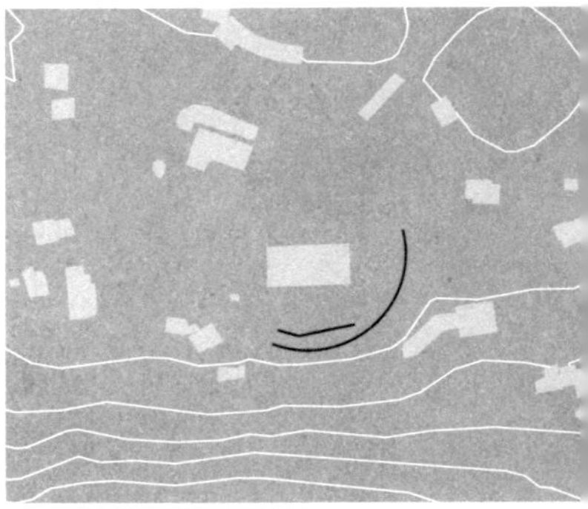

Wettbewerb: 2014, 1. Preis
Fertigstellung: 2019
Ort: Jenesien
Bauherrschaft: Hotel Belvedere

Competition: 2014, 1st prize
Completion: 2019
Location: San Genesio
Client: Hotel Belvedere

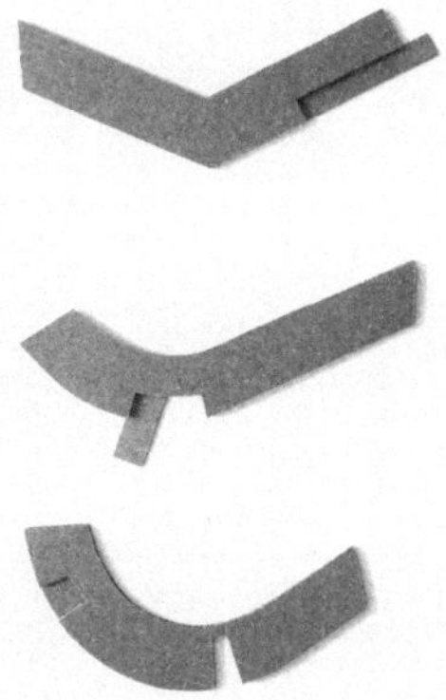

20 m

Die Massnahmen am Projekt Schloss Weißenbrunn in der Nähe des gleichnamigen Dorfes in Bayern sind das Ergebnis eines spannenden Prozesses, in dem neue Wege beschritten wurden an einem Ort, der mit einer Fülle von Erinnerungen und Traditionen verbunden ist. Der Entwurf, hervorgegangen aus einem Wettbewerb auf Einladung, sieht zwei neue Hotels und einen Konzertsaal vor, die in der Nähe des bestehenden historischen Schlosses errichtet werden sollen. Die Baukörper sind so angeordnet, dass sie den Charakter des Geländes unterstreichen und neue Bezugspunkte und Perspektiven schaffen. Sie erhalten durch das Einfügen des Entwurfs in die Landschaft und den Gebäudebestand zusätzliches Gewicht. Eine Ausnahme bildet das untere Hotel, das näher am Konzertsaal gelegen ist und mit Rücksichtnahme auf den Garten mit jahrhundertealtem Baumbestand auf einem System von Pfeilern über ihm schwebt und sich in Richtung der bestehenden Baumreihen entwickelt beziehungsweise zur Landschaft hin ausgerichtet ist. Das obere Hotel dagegen unterstreicht die bestehende Morphologie mit seiner abgerundeten Form und weist im obersten Geschoss einen gekrümmten, intimen und zurückhaltend gestalteten Raum auf, der der Erholung und dem Wohlbefinden dienen soll. Das Konzerthaus befindet sich in unmittelbarer Nähe des Schlosses, das wie der gesamte Garten unter Denkmalschutz steht, und korrespondiert fortwährend mit ihm. Der neue Baukörper hat eine ausgeprägt konvexe Form, die sich an der Struktur des Saals orientiert und die Landschaft in den Blick nimmt. Die Rundungen des Gebäudes sind das Ergebnis einer intensiven Suche nach einem sanften Gleichgewicht zwischen der besten Akustik im Saalinneren und dem dialektischen Verhältnis zum Schloss. Es entsteht ein kleiner Platz in der Mitte. Ein Schrägaufzug verbindet die beiden Hotels mit dem Foyer – im ersten Streckenabschnitt über einen Tunnel und im zweiten unter Ausnutzung der Neigung des Geländes.

Located near a small town in Bavaria, the Weißenbrunn ensemble is the fruit of a long process that has adopted new approaches to respond to a site steeped in memories and traditions. Selected in an invitation-only competition, the design encompasses two new hotels and a large concert hall, located near the historical castle. The planned new-build structures are configured to reflect the site's topography, generating new points of reference and vistas that are enhanced by the project's integration into the landscape and built environment. However, the lower hotel, closer to the concert hall, adopts a somewhat different approach; as a mark of respect towards the landscaped park and centuries-old trees, it is elevated on a system of pilotis, aligned with the rows of trees looking out over the landscape. In contrast, the rounded forms of the upper hotel embrace the site's morphology, incorporating a curved, intimate space on the top floor that is dedicated to relaxation and well-being. The concert hall is located close to the castle – which, like the garden, is under a conservation order – and engages in a constant dialogue with it. Its eloquent convex form echoes the structure of the inner hall, drawing the gaze towards the landscape. Intensive design work was required when devising the curving lines of this space in order to attain a delicate balance between improving the hall's acoustic performance and establishing a more dialectic relationship with the castle, partly by demarcating a small piazza. The hotels are connected to the foyer by a lift that moves along an incline, passing through a tunnel in the first section and putting the sloping terrain to good use in the second part.

Wettbewerb: 2019, 1. Preis
Fertigstellung: in Arbeit
Ort: Ebern (DE)
Bauherrschaft: Schloss Weißenbrunn
Team: Holzner & Bertagnolli Engineering, merz kley partner, KahleAcoustics, Energytech Ingenieure, Spektrum Bauphysik & Bauökologie

Competition: 2019, 1st prize
Completion: ongoing
Location: Ebern (DE)
Client: Schloss Weißenbrunn
Team: Holzner & Bertagnolli Engineering, merz kley partner, KahleAcoustics, Energytech Ingenieure, Spektrum Bauphysik & Bauökologie

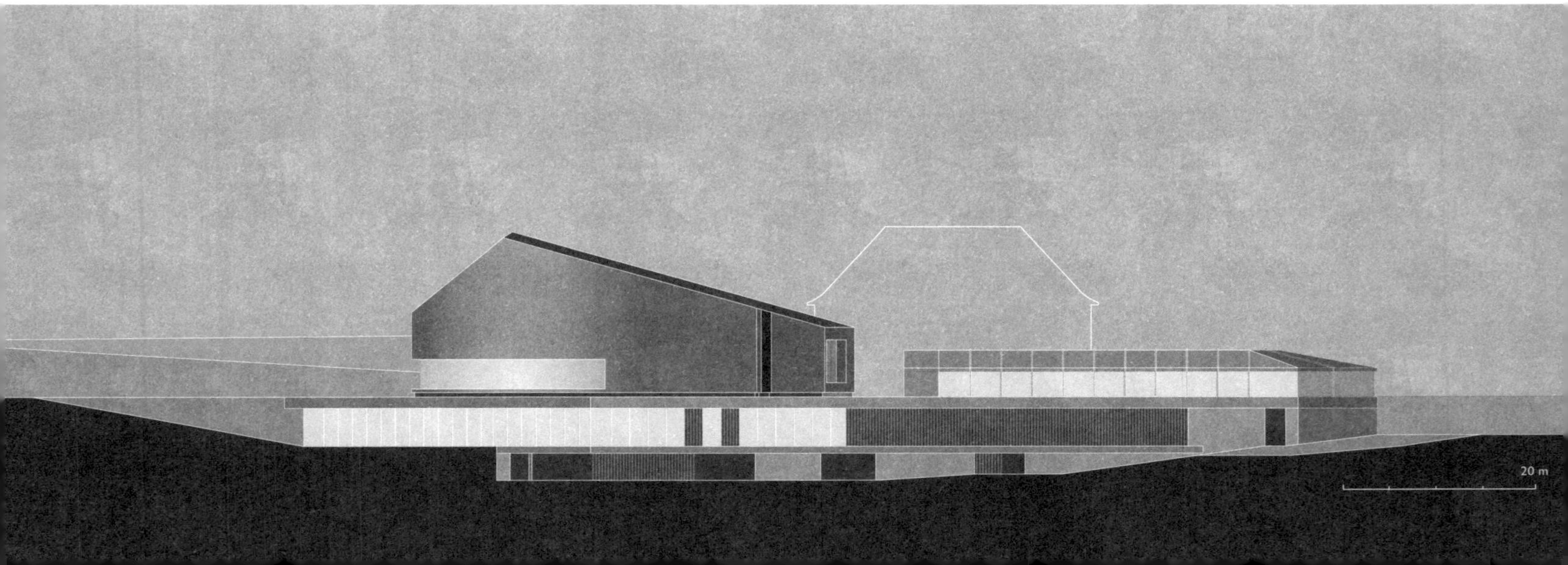

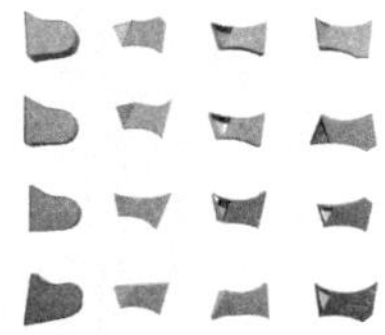

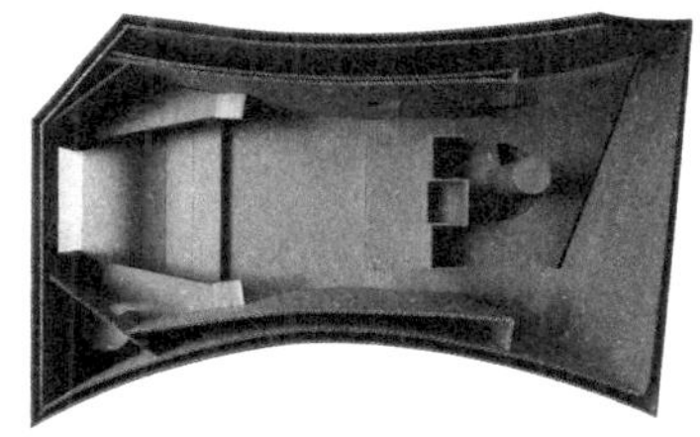

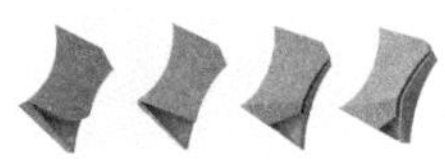

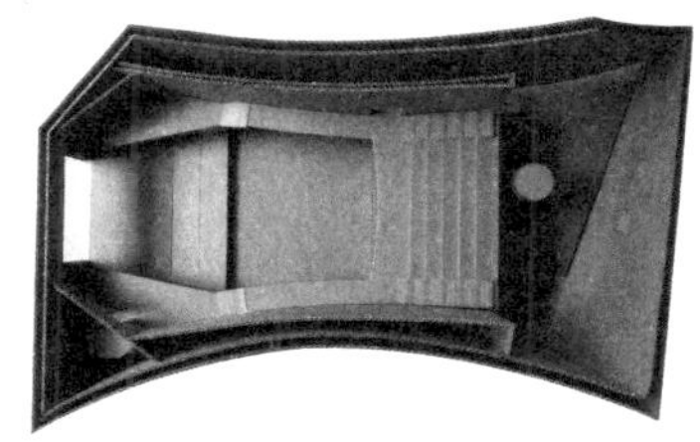

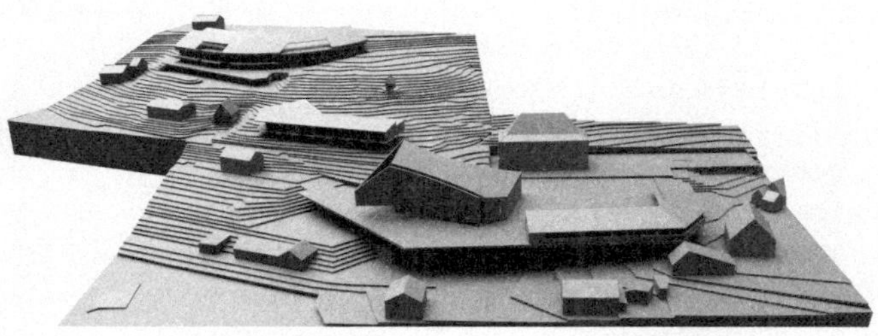

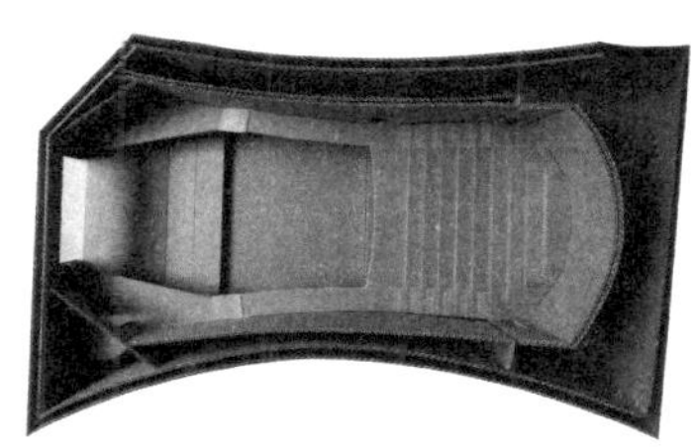

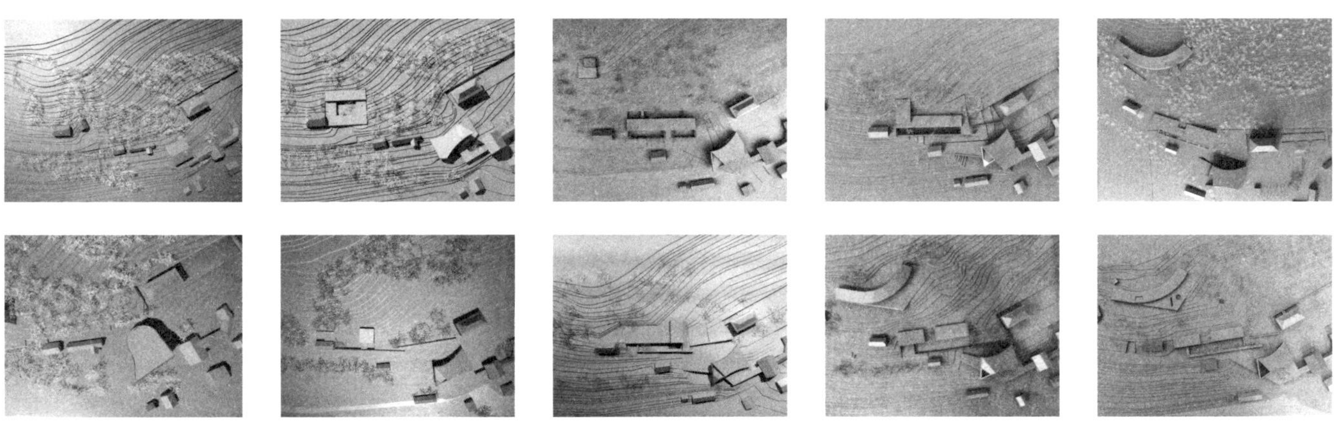

Das Projekt im dichten städtischen Gefüge – in der Altstadt von Brixen – artikuliert sich in einem Innenhof mit dem Ziel, einen Teil der Altstadt wieder aufzuwerten und der Öffentlichkeit zugänglich und nutzbar zu machen. Durch die Schaffung neuer Achsen verbindet das neue Viertel den Innenhof mit den historischen Gassen, Plätzen und Gärten. Dank genauer und gewissenhafter Untersuchungen des Umfelds und der nutzbringenden Auseinandersetzung mit der Frage, wie das Ensemble geschützt werden könnte, war es möglich, vorsichtig in den Gebäudebestand einzugreifen, Anbauten und Erweiterungen der Hauptgebäude entlang der Strasse abzureissen, um einige Durchgänge freizulegen und den Innenhof zugänglich zu machen – eine Feinarbeit am Gebäudebestand, die neue Lücken und damit Dialogräume für den Austausch zwischen Alt und Neu geschaffen hat: Sie sind als Freiräume zu verstehen, die für die ganze Stadt zugänglich sind. Das neue Gebäude nutzt den gesamten zur Verfügung stehenden Raum und vereint ihn in einem Baukörper, um auf diese Weise dem Hof so weit wie möglich Raum zu geben, und gliedert sich in mehrere niedrige und ein höheres Bauvolumen. Die Formen der neuen Baumassnahme sind allesamt von ihrem Bezug zu der umgebenden Bebauung bestimmt. Der höchste Baukörper, der von den bestehenden Häuserfronten abgesetzt ist, entwickelt sich zu einem wohlgeordneten Gegengewicht zu den im Hof bestehenden Ansichten und Volumenverhältnissen. Er erhebt sich in seiner schlanken, sich nach oben verjüngenden Form über die anderen Gebäude. Die Terrassen der niedrigeren Gebäudeteile fungieren als grüne Dächer mit Baum- und Pflanzenbewuchs, um neue Blickpunkte und Privatsphäre zu schaffen.

Located in the historical centre of Bressanone, the project involves carving out a courtyard within the dense urban fabric and constructing a new building, with a view to redeveloping an old section of the historical centre to open it up to the public for various uses. By establishing a new pedestrian route, the courtyard will be connected to a historical garden, with further links to one of Bressanone's main thoroughfares and to a major square. Detailed and meticulous study of the context and a fruitful dialogue with the urban planning authorities have enabled precise interventions in the urban fabric, demolishing annexes and extensions to the main buildings along the street to free up some passageways and afford access to the courtyard. That was tantamount to chiselling away at the existing architecture, generating new interstices, zones for dialogue between old and new, conceived as free and accessible spaces for the whole city. The new building concentrates the plot's entire potential volumetry in a single building, liberating as much space in the courtyard as possible, configuring the volumes into lower-level sections and one higher portion. The forms chosen for the new build are determined by how it relates to the surrounding context on all sides. The taller mass, set apart from the existing façades, affords an orderly counterbalance to the myriad elevations and volumes in the courtyard; slender and tapering towards the top, it rises above the older architecture around it. The terraced lower sections function as green roofs with trees and plants, offering new vantage points and private moments.

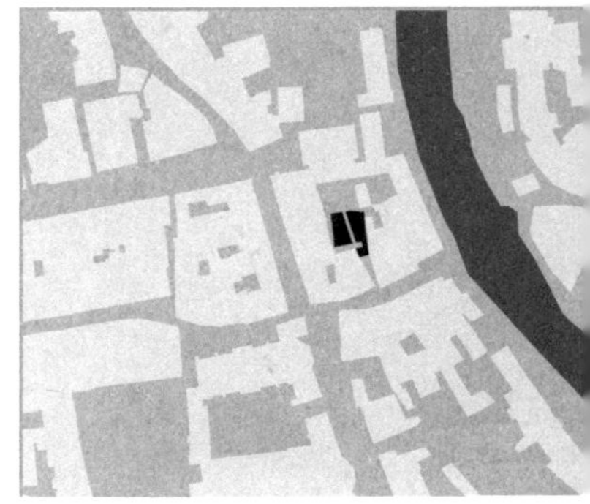

Fertigstellung: in Arbeit
Ort: Brixen
Bauherrschaft: Gut Wohnen GmbH

Completion: ongoing
Location: Bressanone
Client: Gut Wohnen GmbH

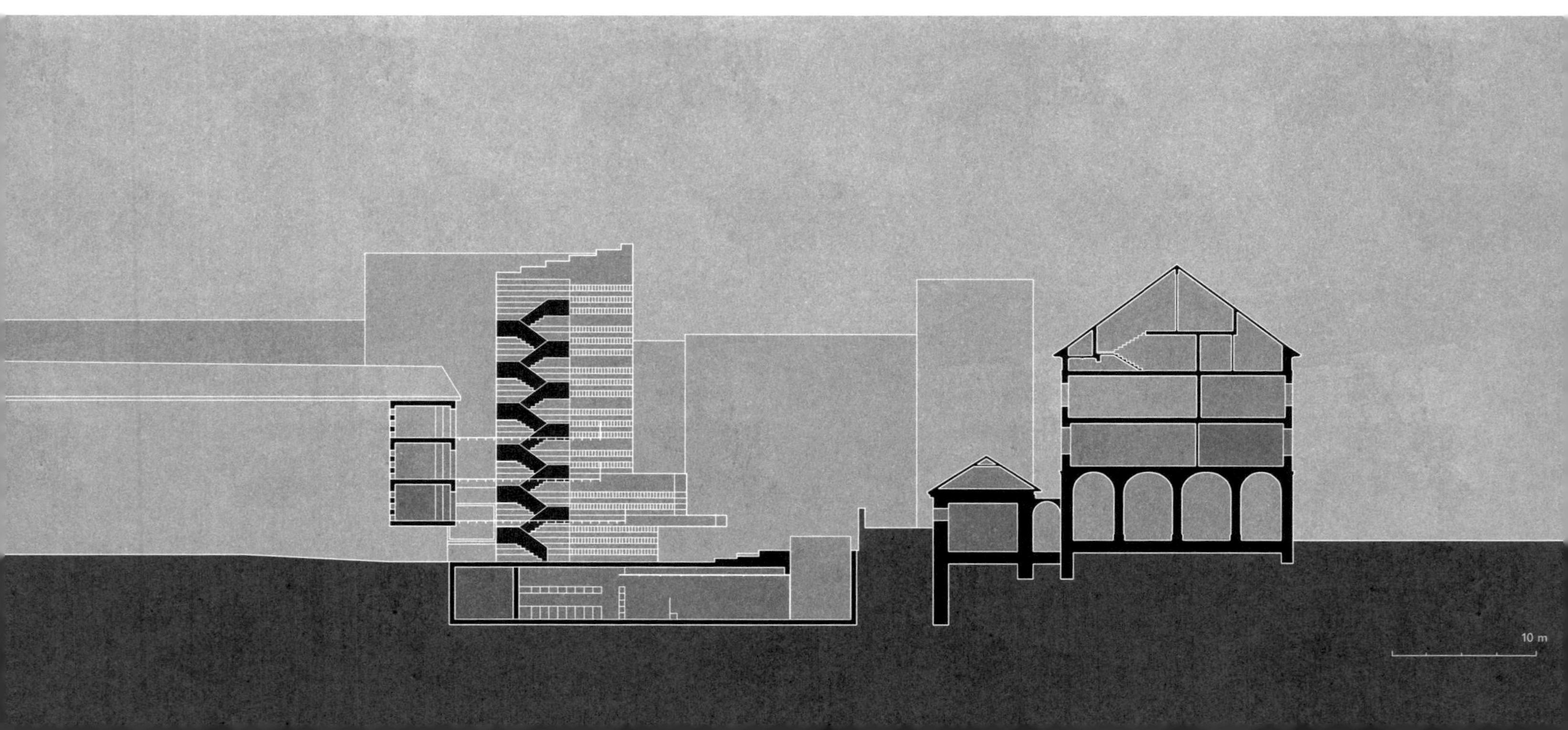

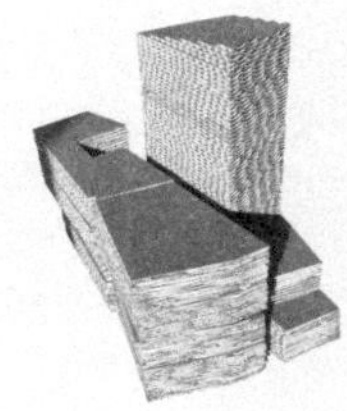

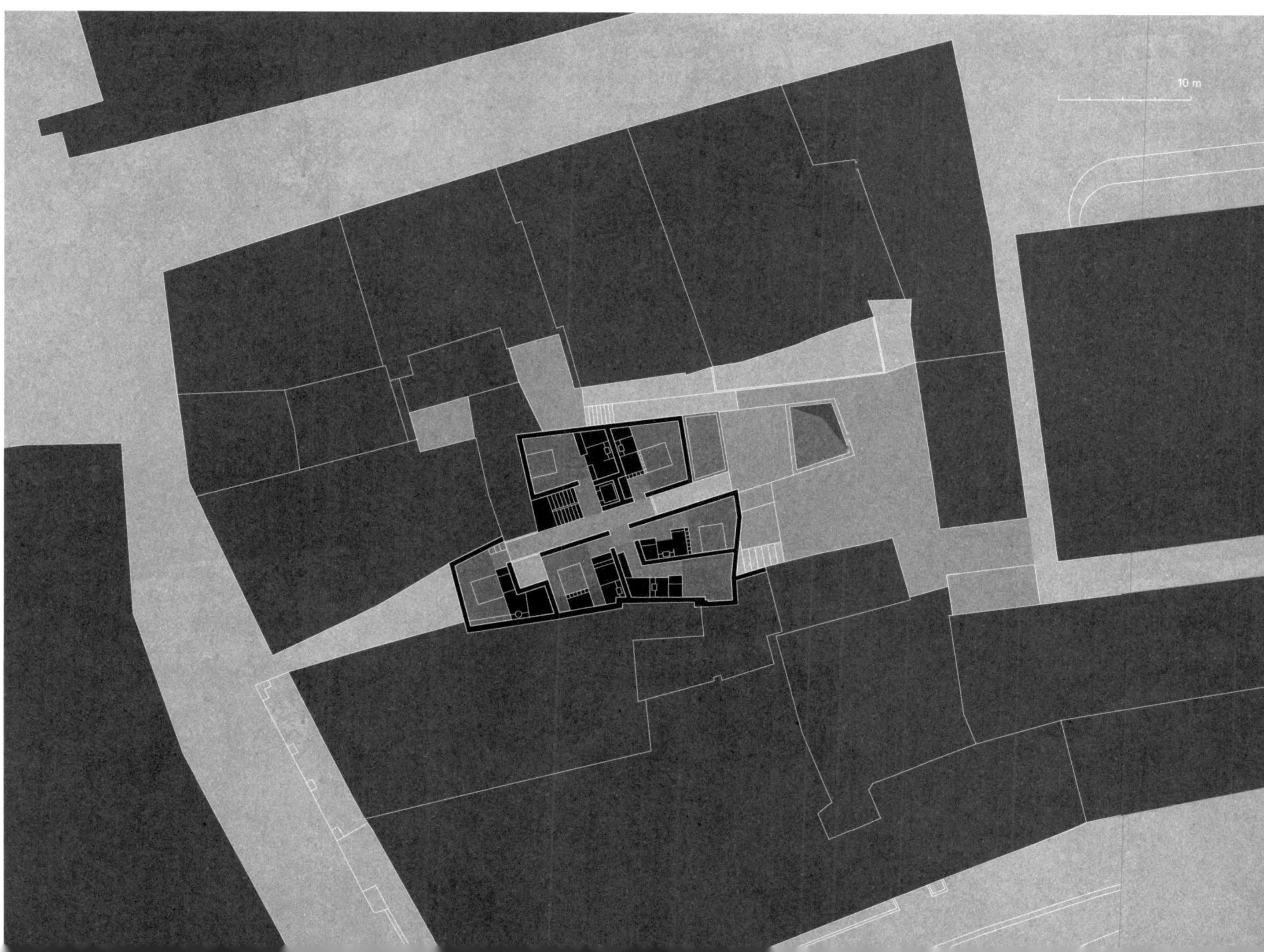
10 m

HÖHENSCHICHTEN –
VERBINDUNG STADT – BERG

CONTOUR LINES –
CITY-MOUNTAIN CONNECTION

Der Siegerentwurf eines europaweit ausgeschriebenen Wettbewerbs der Stadt Brixen für die Verbindung zwischen dem Stadtgebiet und dem Berg Plose schlägt über eine Kabinenbahn eine direkte Anbindung vor. Die neue Strecke erlaubt es, einen relativ langen Gebietsabschnitt in einem morphologisch und funktional höchst diversifizierten urbanen Gefüge zu queren. Ausgangspunkt bildet die Altstadt, die mittels der neuen Verbindung zum Bahnhof führt, wo ankommende Touristenflüsse gebündelt werden können, um danach zum Vorgebirge und schliesslich zur Plose aufzusteigen. Die erste Trasse, die auf einer Kabinenumlaufbahn beruht, verläuft unterirdisch. Sie tritt dort, wo die Wohngebiete enden, ans Tageslicht und steigt ohne Unterbrechung mittels eines Seilzugsystems zum Berg auf. Die Strecke hat sechs Stationen, die aufgrund der unterschiedlichen Höhenlagen individuell gestaltet sind: Holzschindeln und Glas für die Gebirgslandschaft, Stahlbeton für den städtischen Bereich, wobei beide auf einer architektonischen Metallstruktur lagern. Die leichten Überdachungen sind, je nachdem, welche Verkehrsrichtung sie anzeigen, Richtung Berg oder Richtung Stadt ausgerichtet. Die Stationen sind als kleine *landmarks* gedacht, die jede für sich genommen, aber auch im Gesamten mit der Landschaft korrespondieren – als neue Räume sowohl für die Stadt als auch für die Berggemeinden. Vom Stadtzentrum aus wird es das neue Verbindungssystem ermöglichen, in nur elf Minuten hinauf zur Plose zu gelangen und damit Stadt und Berg zugleich zu erleben. Die Zwischenstation in Milland wird zudem eine Busstation und einen grossen Parkplatz erhalten, um so die Nutzung des öffentlichen Nahverkehrs zu erleichtern – ein weiterer kleiner Schritt auf das Ziel hin, in einer autofreien und klimaneutralen Stadt zu leben.

This project, the winning entry in the Europe-wide competition to design a city-mountain link that was organised by the Municipality of Bressanone, proposes a direct cable-car connection between Bressanone and the Plose Massif. The new route traverses a long section of land that encompasses urban areas with very different morphologies and functions. It begins in the centre of the old town, continues to the railway station as an amenity for incoming tourists and subsequently climbs towards mid-mountain altitude, before finally reaching the Plose Massif. The first section, deploying a track-based transportation system, will be underground and will emerge above ground just beyond the residential areas, ascending seamlessly towards the mountains via a cable system. The route is punctuated by six stations, with different designs reflecting varying altitudes: wood shingles and glass for the alpine landscape and concrete shingles for the urban context, set in both cases on a load-bearing metal structure. The lightweight roofs are tilted in the relevant direction for each platform, indicating the mountains or the city. The stations are conceived as small landmarks both for their immediate surroundings, each in intimate dialogue with the local landscape, and as an ensemble, offering new spaces for urban and mountain communities. The new transport link will make it possible to reach the Plose Massif in just eleven minutes from the city centre, creating new ways of experiencing the city and the mountains. The stop in Millan will be combined with a bus station and a large car park, making it easier to use public transport, one small step towards the goal of a car-free and zero-emission city.

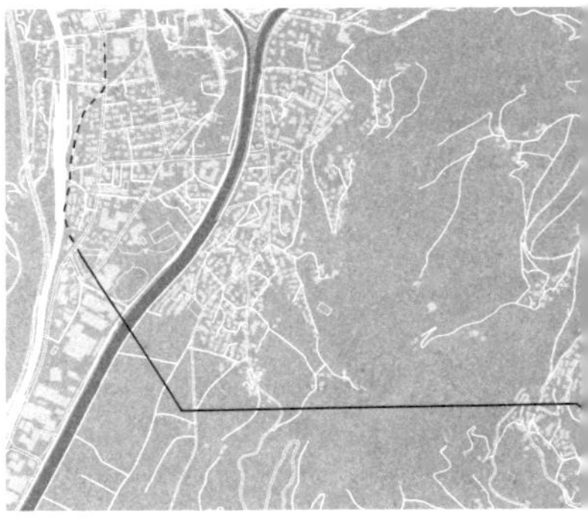

Wettbewerb: 2019, 1. Preis
Fertigstellung: in Arbeit
Ort: Brixen
Bauherrschaft: Gemeinde Brixen
Team: Valdemarin, Dr. Ing. Johann Röck

Competition: 2019, 1st prize
Completion: ongoing
Location: Bressanone
Client: Municipality of Bressanone
Team: Valdemarin, Dr. Ing. Johann Röck

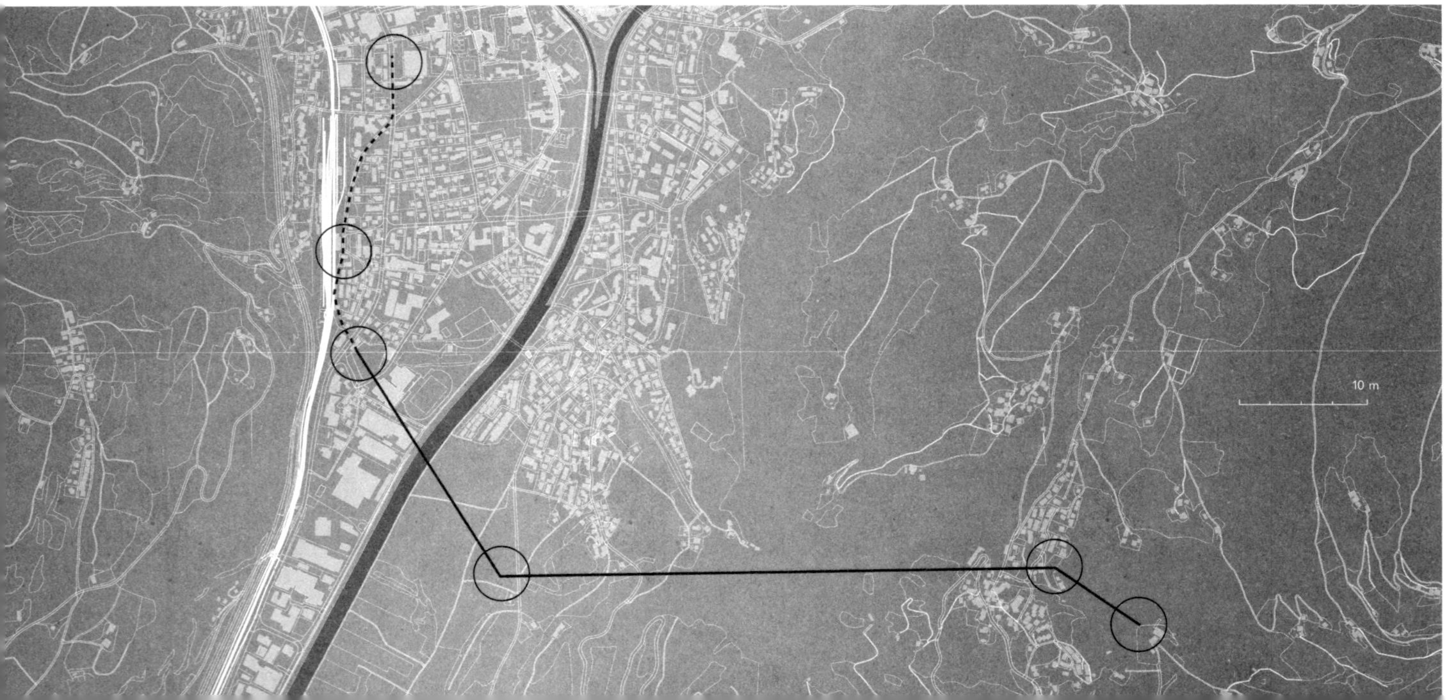

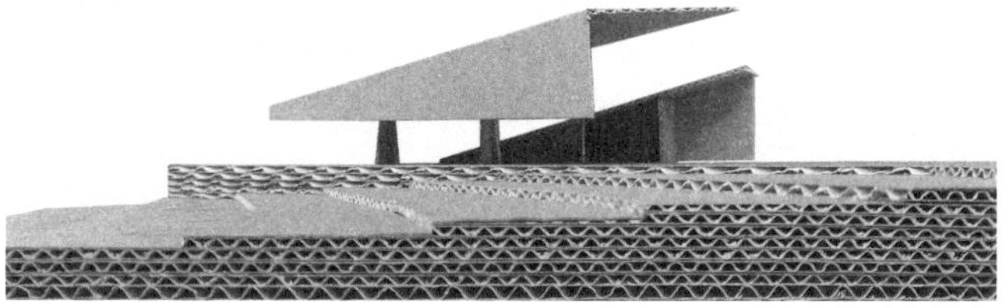
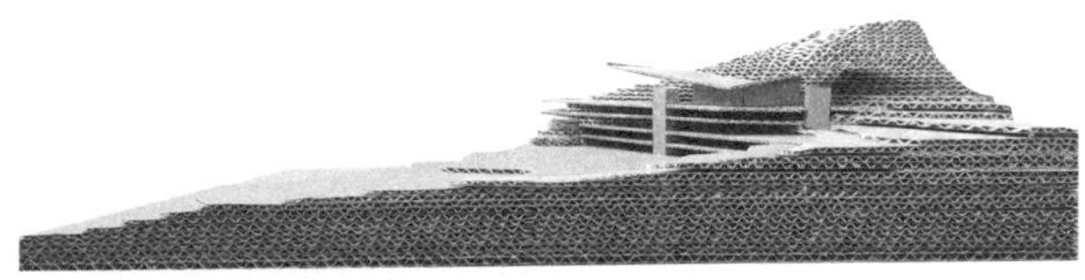

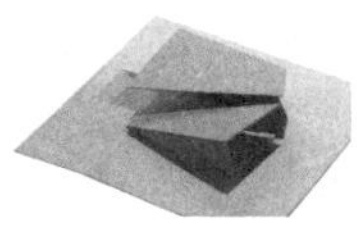

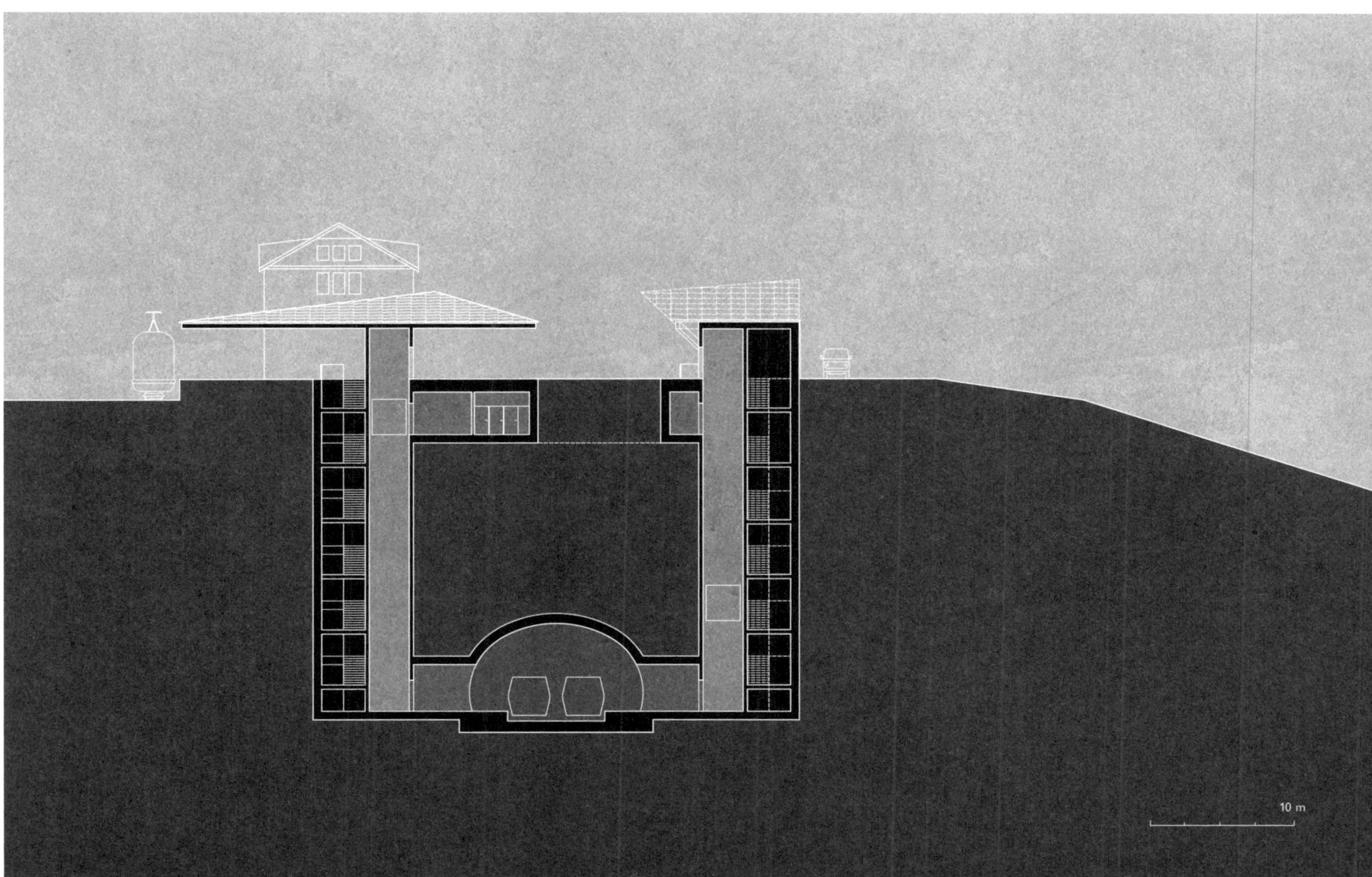
10 m

ORT, DIALEKT, ZEIT

Luca Molinari

Es ist ein Haus in der Horizontalen, das im Boden ins Stocken zu geraten scheint, das wie befangen wirkt zwischen den Rebstockreihen und den Terrassen beim Blick in das weite Tal von Neustift mit seinem Kloster. Es ist eine typische Südtiroler Landschaft, die von grossräumigen anthropogenen Eingriffen geprägt ist, die seit Jahrhunderten die vage Grenze zwischen Natürlichem und Künstlichem verwischt haben. Der Schnitt des Hauses ist klar und deutlich darauf ausgerichtet, im Boden Unterschlupf und Rückhalt zu finden; der Grundriss hingegen darauf, die Beziehung zur umgebenden Landschaft und zum natürlichen Licht zu überhöhen. Der neue Weinkeller des alten Pacherhofs ist dagegen ein monomaterielles Prisma, das in seiner Form und Geometrie klar ist. Er ist ein zeitgenössisches Zeichen der Erweiterung eines bereits bestehenden Gebäudes, das aber zugleich über seine Farbgebung in der Lage ist, sich dem Material des umgebenden Terrains anzupassen. Auch in diesem Fall verläuft die Schnittlinie klar und findet eine feine Balance zu dem Boden, an dem sie anliegt. Die Welt des Planens und Forschens von bergmeisterwolf scheint konsequent um diese beiden absoluten Einheiten zu kreisen: die Kraft der Gegenwart, die über stereometrische Geometrien zu erreichen versucht wird, und der Wille, eine radikale und tiefgreifende Wechselbeziehung mit den Orten einzugehen, an denen man sich niederlässt. Es handelt sich dabei um ein offensichtliches Bedürfnis, dem seit rund zehn Jahren in dem alpinen Landstrich zwischen Italien und Österreich mit grosser obsessiver Kohärenz nachgekommen wird. Es verstärkt die Wahrnehmung einer Realität von Projektmachern, über die es kritisch nachzudenken gilt – mit Blick auf die Gegenwart und eine Lage, die sich zwangsläufig verändern muss. Seit Jahrzehnten befindet sich die zeitgenössische Architektur in einer tiefen Identitätskrise, die in einer formalen und visionären Inkonsistenz zum Ausdruck kommt und sich in Werken zeigt, von denen wir in den Berichten zu Beginn dieses Jahrhunderts wenig zu hören bekommen. Wir durchleben eine Zeit tiefer, radikaler Veränderungen, in der die Schlagworte, die im 20. Jahrhundert bestimmend waren und die auf einem grenzenlosen Glauben an Fortschritt und Zukunft gründeten, ihre Stichhaltigkeit verloren haben und zudem die Ansprüche einer Gesellschaft nicht mehr abbilden, die ihre äusseren und inneren Charaktereigenschaften verändert hat. Eben deshalb scheint die Architektur diese unsichere Zeit perfekt zu verkörpern, weil sie zwischen einem globalisierenden Anspruch, dem Lokales gleichgültig ist, und einem kurzsichtigen, künstlichen Hyperlokalismus zerrissen ist, der an eine nostalgische Postkarte aus vergangener Zeit erinnert. Die Mehrzahl der Arbeiten dieser im Fluss befindlichen Gegenwart scheint von einer radikalen Entwurzelung bestimmt zu sein, so als hätten sie Angst, im Boden und an den Orten, an denen sie sich befinden, Wurzeln zu schlagen. Die Entwurzelung[1] liegt dem gegenwärtigen Zustand der Entfremdung vom Ort zugrunde und einer physischen kulturellen Art von Umherirren, das verschiedene Stadien der Menschheit durchzieht, die unseren unruhigen Kontinent bevölkert, diesen aber nicht mehr als Labor für den gegenseitigen Austausch und für Experimente nutzt. «Entwurzelung» ist der Begriff, der in zunehmendem Masse für die letzten beiden Jahrhunderte steht – und das mit einer dramatischen Beschleunigung in der letzten Phase unserer Geschichte und mit bedeutsamen Auswirkungen auf die Architektur und einen Sozialkörper, der sich nicht mehr von einem grossstädtischen Gefüge repräsentiert sieht, das die Naturlandschaft verschluckt hat. Das Fehlen einer starken Beziehung zwischen Architektur und ihrem gesellschaftlichen Umfeld ist eins der grossen

Parallele Strukturen – Hofstelle p, Neustift, Vahrn
Parallel structures – Farmstead p, Novacella, Varna

Herauswachsend – Pacherhof, Neustift, Vahrn
Emerging – Pacherhof, Novacella, Varna

PLACE, DIALECT, TIME

Luca Molinari

A horizontal house that seems to run aground in the soil, almost merging with the lines of the vineyards and terraces, gazing out across the wide valley that shelters Novacella and its abbey. A typical South Tyrol landscape, defined by extensive human activities that for centuries have blurred the ambiguous boundary between natural and artificial. With its clear, unambiguous section, the house seeks refuge and support in the earth; its elementary floor-plan heightens the relationship with the surrounding landscape and natural light.

In contrast, the Pacherhof's new wine cellar is a prism created from a single material, with a limpid form and geometry; a contemporary manifestation functioning as an extension to an existing establishment that blends with the materiality of the surroundings thanks to its colour. Here too, the sharply defined section strikes a subtle balance with the earth on which it rests.

The design and research universe of the bergmeisterwolf studio seems to revolve with pronounced consistency between these two absolutes: a powerful contemporaneity conveyed through the geometry of the volumes deployed and a desire to enter into a radical and profound dialogue with the locations where it takes root.

For the past ten years or so, this clear aspiration has been pursued with enormous, obsessive coherence in the Alps between Italy and Austria, a setting that reinforces the sense of a design reality that demands critical reflection, with an eye to the world today and to circumstances facing inexorable change.

In the past few decades, contemporary architecture has undergone a profound identity crisis that has given rise to inconsistency between form and vision in works rarely mentioned in reports on developments since the turn of the century.

We are living in a period of profound and radical transition in which the catchwords that shaped the twentieth century, rooted in boundless faith in progress and the future, have become insubstantial and moreover no longer reflect the aspirations of a society that is being transformed in its overall appearance and defining traits.

In this respect, architecture seems to perfectly represent this uncertain time, for it is split between globalising aspirations that are indifferent to place and a form of short-sighted artificial hyper-localism, verging on a nostalgic postcard of bygone days.

Most of the works in this shifting present seem characterised by a disconcerting sense of being uprooted, almost as if they are afraid to take root in the earth and the places underpinning them.

Uprooting[1] forms the basis of the contemporary state of alienation from specific locations and constitutes a form of physical and cultural nomadism that traverses our restless continent, affecting to varying degrees those who live there and have ceased to use it as a laboratory for exchanges and experimentation.

Uprooting is a term that has gradually come to represent the last two centuries, in a process that has accelerated dramatically recently, with significant consequences for architecture and a social corpus that no longer feels repre-

Probleme dieser Zeit. Es macht die Arbeit der Planer noch wirkungsschwächer, die sich in eine abstrakte und konzeptuelle Dimension zurückziehen, die keine Entwicklung ermöglicht, aus der Zukunftsperspektiven entstehen können. Die zeitgenössische architektonische Kultur ist – vor allem in Europa – noch damit befasst, das moderne Ideal der ersten Avantgarden und die postmoderne Polysemie der Nachkriegszeit zu überwinden. Es ist jedoch deutlich, dass es sich dabei um einen langen, mühsamen und notwendigen Prozess handelt, dessen Ergebnisse wir vielleicht an den kommenden Generationen werden ablesen können. Trotz der alles beherrschenden Verwirrung kann man aber Untersuchungen und Projekte lesen, die zu einer Reihe von Studien gehören, die trotzig für die Stille und Beharrlichkeit einer persönlichen, fast einsamen Forschungsarbeit eintreten. Sie suchen ein instabiles, aber zwingend notwendiges Gleichgewicht zwischen den Örtlichkeiten herzustellen, in die einzugreifen sie beauftragt sind, zwischen dem Wunsch nach Formgebung und der Qualität der Konstruktion. Es handelt sich dabei um Kunstschaffende und Kollektive, die in geografisch und sozial spezifischen Kontexten arbeiten, sich aber der Zeitgenossenschaft und ihrer Widersprüche bewusst sind. Es handelt sich nicht um eine Variante jenes «kritischen Regionalismus», der in den 1990er Jahren so erfolgreich war, sondern um ein grazileres Phänomen, das noch auf eine klare historisch-kritische Lesart wartet. Dieser weitverbreiteten Krise scheinen allerdings die noblen und hoffnungslosen Versuche einiger weniger «Local Heroes»[2] entgegenzuwirken, die derzeit in verschiedenen Gegenden Europas und in der Welt des Mittelmeers Fragen an die Orte, Geschichten, plastischen und poetischen Materialien richten, um einen unsicheren, aber zwingend notwendigen Weg durch die Unsicherheit zu finden, in der sich die zeitgenössische Architektur befindet. Die Definition, die ich der Autobiografie von Bernard Khoury entnehme, hat nichts Romantisches an sich. Wir befinden uns nicht in einer Erzählung über einen einsamen Helden, sondern bei der Würdigung einer Reihe von Künstlern, die trotz ihrer öffentlichen und medialen Wiedererkennbarkeit in ihren eigenen Kontext abgekapselt und vom Mainstream abgewichen sind. Sie haben aussergewöhnliche Wege, Seitenwege, eingeschlagen im Versuch, mit den Orten, ihren widerstreitenden Erinnerungen und mit der gewaltigen Wildheit einer Gegenwart ins Gespräch zu kommen, die ein Opfer von Gedächtnisschwäche ist und widerständige und unvollkommene Werke produziert. Wenn wir die Recherchen und Arbeiten von Khoury in Beirut, Cherubino Gambardella in Neapel, Giuseppina Grasso Cannizzo im östlichen Sizilien, Han Tümertekin in Istanbul, Rudy Ricciotti in Südfrankreich und Flores i Prats (Ergebnis direkter Erbschaft von Enric Miralles) in Barcelona, Jan de Vylder im Flämischen durchgehen, so stossen wir auf eine Reihe von gemeinsamen Grundlagen, die nicht zu einer stilistischen Konsonanz führen, sondern vielmehr zur Konstruktion von charaktervollen Werken, die stark persönlich geprägt und zugleich von den Orten durchdrungen sind, in denen sie imaginiert sind. Es sind Werke von Architekten, die aufmerksam und umsichtig im Hinblick auf die menschliche und physische Morphologie der näheren Umgebung sind, ohne jegliche Nostalgie, oft abfällig und abwehrend, die sich der Einsamkeit des eigenen Werks und des geringen Echos bewusst sind, das es im sozialen und politischen Kontext haben wird, in den es eingeschrieben ist. In dieser auf stille Weise häretischen Gruppe von Gestaltern kann man das Werk und die Forschungstätigkeit des Büros bergmeisterwolf verorten, das im glücklichen Umfeld Südtirols arbeitet und das es im letzten Jahrzehnt verstanden hat, einen deutlichen, äusserst kohärenten, bewusst eingeschlagenen Weg zurückzulegen. Für alle genannten Gestalter ist die Beziehung zu den komplexen Beseelungen der Orte von grundlegender Bedeutung, denn sie befeuern die Planungstätigkeit und bestimmen die formalen Eigen-

sented by an urban fabric that has engulfed the natural landscape. The lack of strong ties between architecture and the communities in which it is located is one of the great problems of our time and makes the work of architects even more vulnerable if they respond by retreating into an abstract, conceptual realm that affords no viable scope to develop towards future prospects.

Contemporary architectural culture, especially in Europe, is still working through the gradual process of overcoming the modernist ideal of the first avant-gardes and the post-modernist polysemy of the later post-war period. However, it is clear that this is a long, arduous yet essential undertaking that will perhaps bear fruit in generations to come.

Despite the confusion that reigns supreme, it is nonetheless still possible to identify research and projects from a series of studios that stubbornly pursue a quietly insistent approach in a personal, almost solitary quest to strike the requisite, albeit unstable, balance between the places where they are commissioned to work, formal aspirations and the quality of the architecture constructed. These individuals or groupings operate in specific geographic and social contexts, while remaining aware of contemporaneity with all its contradictions. This is therefore not a variant of the "critical regionalism" that enjoyed so much success during the 1990s but a more subtle phenomenon that can still be read clearly through a historical and critical prism.

The diffuse state of crisis described above appears to encounter a tentative response in the generous, desperate efforts of a few "local heroes"[2] that have attempted in recent years to raise questions about locations, histories, sculptural and poetic materials in certain geographical regions and urban areas in Europe and the Mediterranean world, seeking out an uncertain yet crucial response to the disorientation that afflicts contemporary architecture.

There is nothing romantic about this definition I have taken from Bernard Khoury's autobiography; the focus is not on the narrative of the lone hero but on recognising a series of figures, isolated in their immediate context despite public and media recognition, who have pursued anomalous pathways, branching off from the mainstream, attempting to construct a dialogue with places, their contradictory memories and the poignant ferocity of a contemporary world stricken with amnesia, producing sturdy and flawed works. If we consider the kind of research and work done by Khoury in Beirut, Cherubino Gambardella in Naples, Giuseppina Grasso Cannizzo in eastern Sicily, Han Tumertekin in Istanbul, Rudy Ricciotti in the south of France, Flores i Prats in Barcelona (clearly drawing on the legacy of Eric Miralles) and Jan de Vylder in the Flemish world, a series of areas of shared terrain emerge. Rather than veering toward stylistic consonance, their practice on this shared ground, constructing works full of character, remains powerfully personal yet simultaneously steeped in the places in which it is conceived, attentive and responsive to the human and physical morphology of its surroundings, devoid of nostalgia, often disdainful and defensive, with an awareness of working in some degree of solitude on architecture that generates little response in the immediate social and political context.

The work and research of bergmeisterwolf, a studio based in prosperous South Tyrol that has constructed a recognisable, highly consistent trajectory over the past decade, certainly belongs within this family of quietly heretical architects.

schaften der ausgeführten Arbeiten. Es ist kein Zufall, dass in den wenigen Schriften von Gerd Bergmeister und Michaela Wolf der Begriff «Dialekt» vorkommt, um die sprachliche Körnung der eigenen Arbeiten herauszustellen und zugleich zu erklären, inwiefern jedes Projekt ein Ort ist, eine Materie, ein Bauherr, eine spezifische Sprache, ohne dabei den tieferen Sinn für das eigene Handeln und für das bewusste Verhältnis zu einer Idee von Moderne zu verlieren, die sich im Laufe der Zeit verändert. In dieser ungewöhnlichen Architektengruppe ist auch ein klares Bewusstsein für die Architektur von Formen, Materialien und Geometrien erkennbar, das sich deutlich von einer weitverbreiteten sprachlichen Fragilität abhebt, die für die Qualität der zeitgenössischen architektonischen Produktion charakteristisch ist. Auch wenn bergmeisterwolf immer mit leiser Stimme spricht, niemals laut wird, weder aggressiv noch narzisstisch ist, zielt die Qualität der Forschung, die in einer Reihe von öffentlichen und privaten Arbeiten mittlerer Grössenordnung umgesetzt wurde, auf eine formale Klarheit, die keine Doppeldeutigkeiten kennt und die man in einem reifen sozialen und politischen Kontext angesiedelt sieht, der im Dialog mit der modernen Architektur steht. Es ist hier nicht der Ort, um daran zu erinnern, dass Südtirol in den vergangenen 30 Jahren ein meisterliches Experimentierfeld für die Forschung und Projekte zeitgenössischer Architektur gewesen ist und dass dies auch das Ergebnis einer «Baukultur» ist, die sich hier über Jahrhunderte sedimentiert hat und in den letzten Jahrzehnten intelligent umgeschrieben wurde. Wie in allen Berg- und Bauernkulturen scheint es aber deutlich zu sein, dass ein Projekt als ein konfliktträchtiger und künstlicher Akt gesehen wird, der sich gegen das natürliche unmittelbare Ambiente richtet, und dass der Dialog zwischen den lokalen Traditionen, ihren Dialekten und Gemeinschaften nur dann lebendig ist, wenn er ein neues Fragment zum Wachstum eines lebendigen, sich mit der Zeit verändernden und wachsenden Körpers hinzufügt. Wenn in den drei Häusern in Neustift, die für bergmeisterwolf ein erstes zwingendes Versuchsprojekt darstellten, eine Synthese mit dem bestehenden Kontext hergestellt wurde und eine nicht-invasive Art des Eingriffs vorgenommen wurde, so ist dabei doch die Kraft einer Vision sichtbar geblieben, die darauf abzielte, sich mit dem Eingriff ins Erdreich, mit der tektonischen Kraft des Projekts und mit der Befähigung auseinanderzusetzen, in einer stark von menschlichen Eingriffen geprägten Landschaft neue Mikrogeografien zu schaffen. Es ist kein Zufall, dass die Planer fortwährend Schnitte und Modelle benutzen, um sich der Eigenheiten der eigenen Arbeit bewusst zu werden, denn sie bestimmen in aller Klarheit die Verwurzelung in der Erde und den Ausdruck einer Gegenwart, die eine neue Landschaft bildet. Es handelt sich um eine Planungsmethodologie, die auf eine Idee von Moderne Bezug nimmt, die wie im Werk von Othmar Barth vor Ort Antworten sucht, einen natürlichen Bezug und Anleitung für alle, die in diesem kulturellen Kontext arbeiten, der aber zugleich die Geografien und Materialien wie einen weiteren Schritt nutzt, um diesem Vorgehen Kraft zu verleihen. Dazu kommt ein Element, dem häufig wenig Beachtung geschenkt wird, das aber von grundlegender Bedeutung ist: das Verhältnis zu den Bauherren. Die Planer drücken es – nochmals in Bezug auf die drei Projekte in Neustift – so aus: «Am Beginn dieser Beziehung steht eine Auseinandersetzung, zu der auch Konflikte gehören können, eine Diskussion über Bedürfnisse und Ideen in Bezug auf den Ort. Wir haben festgestellt, dass wir den Auftraggeber brauchen, um unseren Ideen Form zu verleihen. […] Deshalb ähneln unsere Häuser ihren Auftraggebern.»[3]
In diesen Worten scheinen zwei zentrale Elemente auf: die Notwendigkeit, dass das Haus Wohnort des Bauherrn ist oder anders ausgedrückt: dass es ihn im Prinzip aufgrund einer mäeutischen Handlung des Planers repräsentiert, verbunden mit dem unvermeidlichen Befund der Spannung, die sich aus dieser Konfrontation ergibt und sich

Eingebettet – Köfererhof, Neustift, Vahrn
Embedded – Köfererhof, Novacella, Varna

Dachspitzen – Doppelhaus h, Vahrn
Rooftops – Twin house h, Varna

Parallele Strukturen – Hofstelle p, Neustift, Vahrn
Parallel structures – Farmstead p, Novacella, Varna

For all the architects cited, the relationship with the complex soul within a place is fundamental, for it feeds into the design process and defines the formal characteristics of the work realised. It is no coincidence that one of the few texts by Gerd Bergmeister and Michaela Wolf introduces the term "dialect" to identify the linguistic texture of their work and, at the same time, notes that each project is about a place, a material, a client, a specific language yet nonetheless retains a profound sense of their own strategy and an explicit relationship with an idea of modernity that evolves over time.

In this anomalous family of architects, a clear focus on architecture as a product of forms, materials and geometries can be identified, in total contrast to the widespread linguistic fragility that is the hallmark of contemporary architectural production.

Although bergmeisterwolf always opts for a quiet tone, never shouting, neither aggressive nor narcissistic, the quality of their research in a series of medium-sized public and private-sector projects points to a formal clarity devoid of ambiguity and an identity rooted in a social and political context in a mature dialogue with modern architecture.

This is not the right place to expostulate on the way in which South Tyrol has served as a fertile testing ground for contemporary architectural design over the last thirty years, thanks in part to a "*Baukultur*" that has accrued over the centuries and has been intelligently reworked in recent decades. However, as in all mountain and peasant cultures, construction projects are clearly perceived as conflict-ridden and artificial acts vis-à-vis the surrounding natural environment; the dialogue between local traditions, dialects and communities can only remain full of vitality if a new fragment is added to a living body that changes and grows as time goes by. In the three houses in Novacella, an initial, essential testing ground, bergmeisterwolf sought to establish a synthesis between the existing context and a non-invasive form of intervention, yet did not water down the strength of their vision, which combines a strong attachment to the land, the project's tectonic strength and a capacity to generate new micro-geographies significantly shaped by anthropogenic forces.

Faltung – Villa b, Aldrans (AT)
Pleated, Villa b, Aldrans (AT)

There is nothing coincidental about the architects' persistent use of sections and models to define the features of their oeuvre, for these clearly spell out a sense of being rooted in the terrain and are the hallmark of a contemporary spirit that constructs new landscapes. This design methodology draws on a view of modernism that seeks answers in the place – as in Othmar Barth's designs, which form a natural point of reference and lodestone for anyone working in this cultural context – while at the same time deploying geometry and materials to go one step further and reinforce this strategy.

In addition, the relationship with the client is a fundamental and often overlooked aspect. Explaining the three projects in Novacella, the architects note that "the relationship is grounded in an almost *conflictual* confrontation or discussion of needs and ideas relating to the site. We realise that we need the client to give shape to our ideas. (…) That's why the houses we build so closely resemble those who commission them."[3]

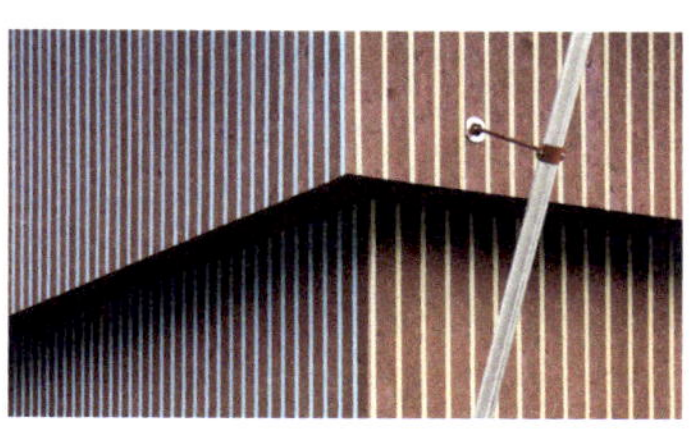

Farbschattierungen – Villa Mayr, Vahrn
Colour shadings – Villa Mayr, Varna

These words reveal two central considerations: the need for the home to be fitting attire for the client, in other words, to profoundly reflect them thanks to the way in which the architect draws out their essence, while simultaneously incorporating the inevitable conflict that stems from debate, spilling over into

unweigerlich auf die architektonische Form und die formalen Entscheidungen auswirkt. Der Konflikt ist Teil des architektonischen Entwurfs, denn er steht für einen Einschnitt in das Erdreich, eine Kerbe in einen bereits existierenden Kontext und zusammengenommen eine Auseinandersetzung zwischen einer anfänglichen Idee bezüglich des Ambientes von Bauherrnseite und der Vision, die der Planer peu à peu vorantreibt, um schliesslich einen latenten Zustand offenzulegen, der stufenweise Form annehmen muss. Es handelt sich dabei für beide Seiten um einen entscheidenden Prozess, der vom Architekten mit grosser Klarheit durchgeführt werden muss und der mit der Bereitschaft zu erfolgen hat, die Geschichte derjenigen Menschen anzuhören, die das Projekt und den Ort selbst bewohnen werden. Wenn man die Arbeiten von bergmeisterwolf und ihre formale und volumenbezogene Klarheit betrachtet, denkt man unweigerlich, dass dieser Dialog mit grosser, fast radikaler Intensität geführt wird, und dass das Endergebnis der Umschreibung eines äusserst innerlichen und hermetischen Abbilds derjenigen Personen gleicht, die diese Räume bewohnen werden. Ein weiteres zentrales Element der Arbeiten dieses Südtiroler Architektenduos ist die unbestreitbare formale Qualität der von ihnen geplanten Artefakte. Es gibt eine klare Gestaltungsabsicht, die das Verhältnis zwischen Grundrissen, Querschnitten und finalen Volumina auf jeder Bezugsebene bestimmt, was auch für eine Zeit steht, in der die Aufmerksamkeit für diese Elemente – endlich – wieder zentrale Bedeutung in der Architektur erlangt hat. Der Weinkeller des Pacherhofs, die Erweiterung des Hotel Pfösl, die Feuerwache von Margreid, die Erweiterung des Hotel Belvedere und viele Innenraumgestaltungen der realisierten Einfamilienhäuser zeugen vom Reichtum einer unerschöpflichen Formsuche, die sich niemals in Überflüssigem ergeht, sondern funktional der Anlage von Räumen dient, die mit kristalliner Klarheit geprägt sind von den entwickelten Geometrien, den wenigen verwendeten Materialien und dem Verhältnis zum natürlichen Licht. Der Atmosphäre, die die Räumkörper umgibt, die wir bewohnen, und das Licht, das sich über Tage und Jahreszeiten hinweg unermüdlich verändert, sind zwei grundlegende Substanzen der Arbeit von Architekten. bergmeisterwolf nutzt diese Elemente in dem stillen Bewusstsein und im Wissen darum, dass die Aufmerksamkeit dafür das Projekt zusätzlich im Ort verwurzelt und entscheidend zur Qualität des täglichen Lebens seiner Bewohner beiträgt. Dem sanften Spiel der feinen, alternierenden Farbbündel aus Naturholz entlang der Fassade der Villa Mayr, dem diffusen weissen und gekräuselten Licht im Weinkeller des Pacherhofs, den unscharfen Grüntönen der Villa r oder dem polierten Beton des Hotel Belvedere liegen grundlegende Entscheidungen zugrunde, die die Natur dieser Orte herstellen und von der architektonischen Struktur verlangen, dass sie ein umsichtig und sorgsam zu bewohnender Korpus ist. Das Verhältnis zwischen natürlichem und atmosphärischem Licht verbindet sich mit profundem Wissen in der zugleich radikalen und gemässigten Verwendung von Materialien. Die moderne Tradition der Verwendung von Stahlbeton hat in dieser Gegend seit Jahrzehnten zu oft überraschenden Ergebnissen geführt: zur Ausbildung eines natürlichen Verhältnisses zwischen traditionellen Materialien und dem ausgeprägten Bewusstsein für die Moderne. Es handelt sich um etwas Ureigenes der architektonischen Kultur dieses Gebiets, wie wir es auch in anderen Kulturgegenden – etwa vielen kontinentaleuropäischen Landstrichen – haben ausmachen können, die ein ausgereiftes Verhältnis zur Idee der Moderne entwickelt und ein Ökosystem errichtet haben, in dem die Planer, die Bauherren und die beteiligten Unternehmen sich kohärent in eine Richtung bewegen. Im Zwischenraum – Hofstelle b ist ein Musterbeispiel für dieses System, wo der extensive Gebrauch von Schindeln auf der Fassade zwischen dem Stein und dem *bow window* aus Kortenstahl vermittelt, während im häuslichen

In den Schichten – Hotel Belvedere, Jenesien
Stratifications – Hotel Belvedere, San Genesio

Im Zwischenraum – Hofstelle b, Flans, Sterzing
Interstices – Farmstead b, Flanes, Vipiteno

Gefaltet – Holzschnitzerei Perathoner, Pontives, Gröden
Creased – Woodcarving workshop Perathoner, Pontives, Val Gardena

Eingerückt – Hotel Pfösl, Deutschnofen
Grafted – Hotel Pfösl, Nova Ponente

the architecture's form and formal choices. Conflict forms part of architectural design because it entails an incision into the land, cutting into a pre-existing context and, at the same time, it confronts the client's initial idea about this environment with the vision progressively teased out by the architect to reveal a latent essence that gradually takes shape. This is a decisive process for both parties, calling for great lucidity on the part of the architect and a willingness to listen to the (hi)stories of the place and of those who will live there. With its formal and volumetric clarity, bergmeisterwolf's work conveys a sense that this dialogue is almost radically heightened and creates an end result that could be described as a clearly defined, inward-looking and hermetic portrait of those who will dwell in these spaces.

A further central element in the oeuvre of these South Tyrolean architects is the undeniable formal quality of the work they design. A clear intention emerges in the form, which informs the interrelation of plans, sections and overall volumes on every scale, simultaneously turning a spotlight on the renewed role that such aspects have finally assumed in the forefront of contemporary architectural thinking.

Pacherhof's wine cellar, Hotel Pfösl's extension, the fire station in Magré, Hotel Belvedere's extension and many of the interiors in the singlefamily villas designed by bergmeisterwolf reveal the wealth of untiring and never superfluous formal research and a functional approach to constructing spaces in which each place and its character becomes crystal clear through the geometry, the restricted spectrum of materials deployed and interactions with natural light.

The atmosphere of the structures where we live and the ways in which the light constantly shifts over the course of days and seasons constitute two fundamental aspects for any architect; bergmeisterwolf is quietly insightful in making use of these facets, realising they embed the project more deeply in a particular location and make a vital contribution to everyday life for those who live in these buildings. The subtle play of narrow strips of colour alternating with natural wood on Villa Mayr's façade, the diffuse, rippling light inside the Pacherhof wine cellar, the blurred green tones of villa r or the burnished concrete of Hotel Belvedere convey vital choices that construct the essence of these locations and require architecture to become a corpus to be lived in with care and attention.

The relationship between natural and atmospheric light is insightfully paired with a radical yet moderate use of materials. For several decades, the modernist tradition of reinforced concrete has been tweaked, giving rise to often surprising results by establishing a natural relationship between traditional materials and a mature understanding of modernity. This is a typical feature of the architectural culture of this region, like those found in other parts of the world and in many areas in continental Europe that have developed a mature relationship with the idea of modernity, constructing an ecosystem in which designers, clients and companies consistently move in the same direction.

Farmstead b is a positive example of this system, making extensive use of shingles on the façade to mediate between the stonework and the corten bow window, while in the domestic interior a handful of details play a functional role in narrating the living space, as in the surprising revelation of the cosy "*Stube*" dinner nook, concealed behind a partition wall stripped of external decoration. The Odles Plose holiday apartments visually explode the framing created by

Interieur die verschiedenen Details funktional der Erzählung des Wohnraums dienen, wie es an der gebauten Überraschung der Stube deutlich wird, die durch eine bewegliche Wand sichtbar gemacht wird, die äusserlich von jedem möglichen dekorativen Element befreit ist. Die Ferienwohnungen Odles auf der Plose versuchen, den Gebrauch von Holz visuell zu feiern, indem sie ironisch mit einer Tradition in der Bergwelt spielen, bei der die Wohnstätte auf einem steinernen Sockel aufsitzt und mit derselben hölzernen Materie auf der Aussenfassade und in allen Innenräumen arbeitet, wobei die nuancierte Farbigkeit der Holzbauweise präzise materielle Kontrapunkte in den Kaminen und einigen festen Ausstattungsgegenständen hat. Unterdessen treibt das Projekt des Holzblockes das Verhältnis zu seinem Forschungsgegenstand auf die Spitze und stellt einen organischen Korpus aus dreieckigen Modulen her, der auf ein Holzstück anzuspielen scheint, das gerade vom Stechbeitel des Handwerkers bearbeitet wurde. In allen Studien des Südtiroler Büros wird das Bemühen um das konstruktive Detail im funktionalen Hinblick auf die Bestimmung der Raumqualität und ihres Verhältnisses zur Örtlichkeit einer Lösung zugeführt. Eine andere Aufgabe, mit der sich bergmeisterwolf auseinandersetzt, betrifft das Einfügen eines neuen Raumkörpers in eine bestehende Struktur. Es handelt sich dabei um eine Bedingung, die im Laufe der Zeit stärker wird, wobei wir uns daran gewöhnen müssen, das bestehende Erbe als die eigentliche Ressource anzusehen, mit der wir arbeiten können, um so den Verbrauch neuer Gebiete und natürlicher Ressourcen so stark wie möglich zu begrenzen. Das ist ein weitverbreitetes Verfahren in einer Berg- und Bauernkultur, in der es üblich ist, penibel jedes verfügbare Material wiederzuverwenden und unermüdlich mögliche neue Ressourcen aufzutun. Auch in diesem Fall ist die Planungsphilosophie des Künstlerpaars klar: Sie spielt mit einer Integration, die keine Zweideutigkeiten zulässt und die ein Gleichgewicht zwischen Stratigrafien und neuen Artefakten herzustellen versucht. Die Kellererweiterung des Pacherhofs zeugt von dieser Praxis mit einem absoluten, zeitgenössischen Prisma, das aus dem Erdreich hervortritt und einem System von Innenräumen, das den Übergang von der neuen Baumassnahme zum Originalkeller von 1450 vermittelt. Dasselbe gilt für die Erweiterung des Hotel Pfösl mit dem Einbeziehen der bestehenden Scheune in die neue netzartige Holzkonstruktion, während das Projekt einer drei mal drei Meter grossen Holzhülle, die an eine Steinterrassierung angelehnt ist und als kleiner Rückzugsort für Pensionäre dient, die guten Wein lieben, ein Beispiel dafür ist, wie ein kleiner Eingriff Kontinuität zwischen dem Ort und einem zeitgenössischen Projekt herstellen und akzentuieren kann, ohne dominant zu wirken. Die Arbeiten, die wir hier behandelt haben, zeugen von der Notwendigkeit, sich Zeit fürs Zuhören zu nehmen und Dinge sich setzen zu lassen, was der Absicht der Planer zugutekommt, sich gefühlvoll mit den Orten zu verwurzeln und auch mit den Kontexten, die von den immer fragiler werdenden Gleichgewichten zwischen Umwelt und Mensch bestimmt sind und dringend eines sorgfältigen und umsichtigen Umgangs bedürfen. Die Arbeit von bergmeisterwolf scheint obsessiv und kohärent in diese Richtung zu gehen und zeigt, dass es in der heutigen Zeit und in den Kreisen, in denen sich das Büro bewegt, eine andere Art gibt, Architekt zu sein. Diese Bauwerke vermögen es, kraft ihrer ausgesuchten Einfachheit, den Blick zu schärfen, die Lebensqualität zu verbessern und die Gegenwart in den reichhaltigen Schichtungen der Geschichte jener Orte zu verwurzeln, die wir bewohnen. Das müsste das Ziel eines jeden Projekts sein und zugleich das Bestreben einer zeitgenössischen Baukultur, die einen substanziellen Beitrag zu einer unruhigen Zeit leisten möchte, die darauf aus ist, neue Vorstellungen zu entwickeln.

Verdreht – Ferienwohnungen Odles, Plose, Brixen
Twisted – Odles vacation apartments, Plose, Bressanone

1 Zum Verhältnis von Entwurzelung und Individuum siehe Richard Sennett: Lo straniero. Due saggi sull'esilio, Mailand, 2014, S. 53–101.

2 Die Formulierung ist dem Titel einer Autobiografie entlehnt, die Bernard Khoury über seine eigene Situation und sein Arbeiten in Beirut geschrieben hat. In ihr hat er eine Reihe von Persönlichkeiten als «heroes» bezeichnet, die sich dem geschmacklichen und gedanklichen Mainstream verweigern wie auch der gedankenlosen Nutzung von Land, Kultur- und Lebensressourcen mit dem Ziel, die vom Bürgerkrieg verwüstete Gegend wiederaufzubauen. Bernard Khoury: Local Heroes, Mailand, 2014.

3 Alberto Winterle: «Drei Architekturen, ein Ort». In: Turris Babel 107, Oktober 2017, S. 37 f., hier S. 38.

the use of timber by playing ironically with the Alpine tradition; the accommodation rests on a stone plinth and has the same timber applied on the outer façade and in all the interiors, where the planking's soft hues encounter just a few clear, material counterpoints in the fireplaces and some of the furnishing. In contrast, in the design for the woodcarving workshop Perathoner, a relationship with the materials is pushed to the extreme, generating an organic corpus of triangular modules that seems to echo a piece of wood carved out by the craftsman's chisel. In all the work by this South Tyrolean studio, construction details are resolved in keeping with the nature of the space to be created and its relationship with a particular place, removing any decorative flourishes that would be unnecessary for the overall narrative.

A further point of departure with which bergmeisterwolf has engaged entails inserting new architecture into an existing structure. This is set to become more prevalent in future, for we must become accustomed to viewing the existing built fabric as the real resource that underpins projects and thus limiting consumption of new land and natural resources as much as possible. That is a commonplace practice in mountain and peasant culture, accustomed to making the most of existing materials, reusing these and reinventing a potential resource for everyday life over and over again.

This architect duo adopts a clear design philosophy in this context too, playing on unambiguous integration that seeks to strike a balance between historical strata and new artefacts. The extension for the Pacherhof winery is a good illustration of this practice, with a clearly defined, contemporary prism emerging from the ground and a system of interior spaces, creating a transition from the new intervention to the original 1450 winery. The same holds true of the extension for Hotel Pfösl, which integrates the existing barn and a new wooden lattice structure, while the design for a 3 × 3 m wooden enclosure, set on a stone terrace to create a small haven for wine-loving guests, exemplifies how a small-scale intervention can affirm a simple continuum between a place and a contemporary project without any need for showiness or demonstrations of strength.

The works discussed here convey a sense of the time needed to listen and allow ideas to settle, enabling the architect's work to become deeply rooted in places and contexts with increasingly fragile environmental and human equilibria that call for care and attention. bergmeisterwolf's work seems to move obsessively and consistently in this direction, demonstrating a different way of being an architect in the contemporary world and with the communities the studio encounters.

This kind of architecture can educate our gaze, offer a better quality of life thanks to its refined simplicity and embed the present in the dense stratified history of the places where we live. That should be the goal of every project and, at the same time, the ambition of contemporary building culture that is keen to make a substantial contribution to a restless era in search of new visions.

1 On the relationship between uprooting and the individual, cf.: Richard Sennett, *The Foreigner. Two Essays on Exile,* Notting Hill Editions, London, 2011 p. 53–101.

2 The term is drawn from the title of an autobiography that Bernard Khoury published on his situation and work in Beirut, characterising as "heroes" a series of figures that resist mainstream taste and mindsets, as well as opposing facile consumption of the land and cultural resources that are vital for the rebirth of a country devastated by civil war: Bernard Khoury, Local Heroes, Skira ed., Milan, 2014

3 Alberto Winterle, "Tre architetture, un luogo.", in: *Turris Babel*, no. 107, October 2017, p. 31

ATELIER BERGMEISTERWOLF

Simona Galateo

Das Atelier bergmeisterwolf ist aus der Begegnung von Gerd Bergmeister und Michaela Wolf entstanden, die heute in Brixen und Rosenheim gemeinsam leben und arbeiten.

Das Atelier hat im Laufe der Jahre seine eigene Methodologie in der Planung entwickelt, die stets auf ein massvolles und integratives Verhältnis zwischen Gebäude und Umgebung abzielt. Dabei berücksichtigt es die lokalen Traditionen Südtirols und greift auch deren Nähe zum Handwerk mit auf, ganz im Sinne einer Werkstatt, in der Ideen und Raumlösungen massgeschneidert werden. Das tiefere Verständnis für urbane oder ländliche Zusammenhänge, die zeitgenössische Lesart von Geschichte und lokalen Traditionen bestimmen die ersten konzeptionellen Schritte, die das Atelier vollzieht, um neue Bauwerke in die Landschaft einzufügen, die wie Eckpunkte wirken und so architektonische Zwischenräume generieren, in denen wiederum neue Örtlichkeiten und Landschaften entstehen. Der ständige gegenseitige Austausch mit den Bauherrinnen und Bauherren macht jede Arbeit zu einem Prozess auf Lösungen hin, die auf synergetische Weise den Erfordernissen der Bauherrinnen und Bauherren wie auch des Ortes gerecht werden. Das Arbeiten mit Modellen hat deshalb ein duales Ziel. Zum einen sind sie ein Dispositiv, anhand dessen der Dialog mit der Bauherrschaft geführt werden kann; zum anderen sind sie das bevorzugte Instrument, mit dem bergmeisterwolf Erkenntnisse über das Territorium, seine Formen und seine Transformationspotenziale gewinnt und vertieft. Ziel ist, Bauten zu realisieren, die in der Lage sind, den räumlichen Kontext in einer neuen zeitgemässen Formensprache zu infizieren und die Identität der Orte zu offenbaren.

Neben der Projekttätigkeit geht das Atelier Forschungs- und Lehrtätigkeiten an der Technischen Hochschule Rosenheim nach, wo es mit Entwurf, Raum und mit dem Material Holz experimentiert.

Über die Jahre hat bergmeisterwolf zahlreiche Preise und Nominierungen erhalten, darunter die Nominierung für den *Eu Mies Award 2022* und – unter den bedeutendsten – den *Premio Architetto Italiano* (Italienische Architekten des Jahres) 2019, der von der Nationalen Architektenkammer CNAPPC (Consiglio Nazionale degli Architetti, Pianificatori, Paesaggisti e Conservatori) vergeben wird, «für ein besonderes Augenmerk auf das bauliche Umfeld, auf die Materialien und für eine mutige formale Lösung». Jünger ist der verliehene Preis *Best Architects,* der zu den wichtigsten im deutschsprachigen Raum zählt und dem Atelier für 2022 – wie bereits für die Jahre 2020, 2018 und 2016 – zuerkannt wurde. Weitere Preise sind: der *Premio Architetto Italiano* in der Kategorie «Opere di Restauro e Ricupero» (Restaurierungs- und Wiederinstandsetzungsarbeiten), im Rahmen der *Festa dell'Architetto* des Jahres 2018 verliehen; drei Preise *Architettura Città Oderzo* der Jahrgänge 2020, 2016 und 2013 und viele andere. bergmeisterwolf war an verschiedenen Konferenzen und nationalen wie internationalen Jurien beteiligt, unter Anderem der des *Piranesi Award* von 2011. Ausserdem war das Atelier in zahlreichen Ausstellungen vertreten, darunter 2020 in *Architettura Alto Adige* (Südtiroler Architektur) in Neapel, an der Architekturbiennale von Pisa im Jahr 2019 und am italienischen Pavillon der Architekturbiennale von Venedig 2012. 2020 hat bergmeisterwolf eine eigene Ausstellung in der Galleria Spazio Solido in Treviso realisiert und zuvor, 2018, eine Einzelausstellung in der Galleria Prisma in Bozen unter dem Titel *Ortswechsel*.

ATELIER BERGMEISTERWOLF

Simona Galateo

bergmeisterwolf, based in Bressanone and Rosenheim came into being after Gerd Bergmeister met Michaela Wolf.

Over the years, this architectural practice has fine-tuned its own design methodology, always seeking a restrained and well-integrated balance between architecture and the territory, taking account of the local traditions of South Tyrol and drawing on the region's attitude to craftsmanship, as a true atelier and testing ground for ideas and tailor-made spatial solutions. Developing an in-depth understanding of the context, be it urban or rural, and focusing on a contemporary reinterpretation of history and local traditions are the first steps for bergmeisterwolf when it comes to integrating new architecture into the surroundings as individual pieces in a puzzle, slotted into the interstices, transforming the entire context and giving rise to new places and new landscapes. Constant dialogue with clients makes every project a journey of development, moving towards ad hoc solutions that create synergies by reconciling the concerns of the client and the context. That means the models used serve a twofold purpose: on the one hand, they function as a conduit for dialogue with clients; on the other, models are the main tool that allows bergmeisterwolf to elaborate and gain deeper insight into the surroundings, its forms and scope for transformation, with a view to creating architecture that injects new contemporary idioms into a setting and reveals the essence of each location. In addition to its professional assignments, bergmeisterwolf is also involved in research and teaching at the Technische Hochschule in Rosenheim, where it presents a course focused on experimenting with spatial design and wood.

Over the years, bergmeisterwolf has won numerous awards and nominations, including a nomination for the 2022 EU Mies Award, as well as the 2019 Premio Architetto Italiano (Italian Architect Award), organised by CNAPPC, for an approach to architecture that "responds to the context with attention to materials and bold formal solutions". More recent wins include the Best Architects award, one of the most prestigious in the German-speaking countries, in 2022, in 2020 as a Gold Award, as well as in 2018 and 2016; the Premio Architetto Italiano (Italian Architect Award) in the category of Restoration and Redevelopment Projects, as part of the 2018 Festa dell'Architetto; three Architettura Città di Oderzo awards, dedicated to architecture in the Triveneto region in north-eastern Italy, in 2020, 2016 and 2013 and many others. bergmeisterwolf has participated in several national and international conferences and juries, including the Piranesi Award in 2011, and has taken part in numerous exhibitions, inter alia the recent Architettura Alto Adige, held in Naples in 2020; the Biennale di Architettura di Pisa, in 2019; and the Italian Pavilion of the 13th Venice Architecture Biennale in 2012. In 2020, a solo exhibition of bergmeisterwolf's oeuvre was presented at the Spazio Solido gallery in Treviso; in 2018, its work was shown in a solo exhibition, entitled *Dislocazione*, at the Galleria Prisma in Bolzano.

Die Forschungstätigkeit von bergmeisterwolf geht seit jeher Hand in Hand mit der Projektarbeit des Ateliers; mehr noch, sie stellt ein wertvolles Werkzeug für eingehende Analysen, Untersuchungen und Experimente dar. In den folgenden Projekten – Lois, Landschaftsdigramm, Dialekt, Kunstwerfer und Geflecht – erforscht bergmeisterwolf die Beziehung zwischen Architektur und Kunst in einem multidisziplinären Ansatz und behält dabei die gleiche handwerkliche Sorgfalt bei, die das Atelier in all seinen Arbeiten auszeichnet: Liebe zur Qualität und zum Detail.

bergmeisterwolf's research activities have always gone hand in hand with the atelier's day to day work. This represents a real design tool for in-depth analysis, investigation and experimentation. In the following projects, Lois, Landscape Diagram, Dialect, Art Spotlight and Interwoven, bergmeisterwolf explores the relationship between architecture and art in a multidisciplinary approach, while maintaining the same artisan method, attentive to quality and detail, that sets the atelier apart in all its work.

LOIS

Lois ist ein Designbjekt, das ironisch mit der Südtiroler Landschaft spielt. Es ist eine Art Stadtmöbel für den alpinen Raum, in dem die Südtiroler Stube zeitgenössisch gedeutet wird – die klassische Lösung, in der Stuhl und Tisch verbunden sind, ein Landschaftsrahmen, der das umliegende Panorama einfasst. Jedes Modul misst 2 mal 2 Meter und ist handwerklich aus Zirbelkieferholz gefertigt. Die Seitenteile bestehen aus Naturholz, die Hauptteile, die wie geschnitten erscheinen, sind mit rohem, naturbelassenem oder eingefärbtem Metall überzogen.

Lois is a small structure that plays ironically with the territory of South Tyrol. Immersed in the landscape, it frames the panorama as a kind of urban furniture for the alpine realm, couched as a contemporary reinterpretation of the South Tyrolean Stube or dining nook, a classic design that combines seating and a table. Each 2 x 2 metre module is handcrafted from Swiss pine. The lateral portions are in natural wood, while the main sections, looking almost as if they have been sliced open, sport a metal coating in natural or coloured hues.

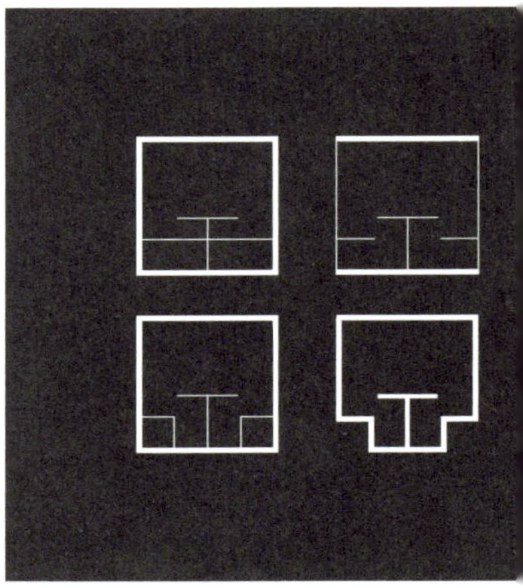

Fertigstellung: 2006
Bauherrschaft: Haidacher

Completion: 2006
Client: Haidacher

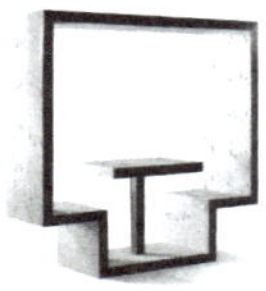

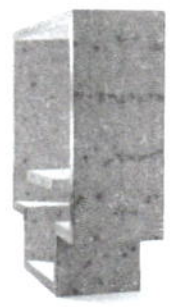

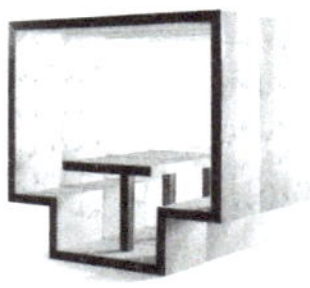

LANDSCAPE DIAGRAM

Landschaftsdiagramm ist ein Rechercheprojekt, das aus dem offenen Dialog zwischen bergmeisterwolf und der Künstlerin Claudia Barcheri hervorgegangen ist. Die Auseinandersetzung zwischen beiden dient dazu, jene Beziehungen zu ergründen, die den Menschen an ein bestimmtes Umfeld binden, um so die Substanz eines Orts zu erfassen. Claudia Barcheri übersetzt ihre Analysen in eine Reihe von Balkendiagrammen, wohingegen bergmeisterwolf seine Studien anhand von physischen Modellen entwickelt, in denen das Atelier bergmeisterwolf horizontale Schichten zueinander in Beziehung setzt. Bei dem Modell, das in der StadtGalerie Brixen ausgestellt ist, ist diese Logik verdreht, weil das Terrain nicht in komplanare Niveaus unterteilt ist, sondern in gestaffelte, vertikale Abschnitte, alternierend mit Edelstahlplatten in verschiedener Grösse durchbrochen. Die Arbeit assoziiert ein Diagramm, das Daten – in diesem Fall die Stahlplatten – von der Abszissenachse und der Ordinatenachse wiedergibt. Diese Interpretationshandlung in Bezug auf den Ort eröffnet ungewöhnliche Szenarien und macht neue Interpretationen eines Geländes möglich. Zugleich steht das Modell für ein grosses Raumprojekt, in dem Landschaft und Gebäude miteinander verschmelzen und in dem die Konstruktionshandlung einen bestimmten Kontext in einen Ort verwandelt.

Landscape Diagram is a research project that emerged from an open-ended dialogue between bergmeisterwolf and the artist Claudia Barcheri. With a view to grasping the essence of specific places, the process investigates the relationships that bind people to a particular setting. Claudia Barcheri translates her analyses of the situation on the spot into a series of bar diagrams, while bergmeisterwolf develops its studies using physical models that juxtapose horizontal strata. In the model on display at the Galleria Civica in Bressanone, this logic is inverted; vertical sections are combined, interspersed with brushed steel plates of varying sizes, rather than working with parallel planar sections cut through the terrain. The piece, particularly the steel panels, sparks associations with diagrams that plot data along the x and y axis. This mode of interpreting a location opens up unexpected vantage points, offering new keys with which to read the land. At the same time, the model represents an ambitious regional planning project that brings together landscape and architecture, as building becomes a transformational act of place-making.

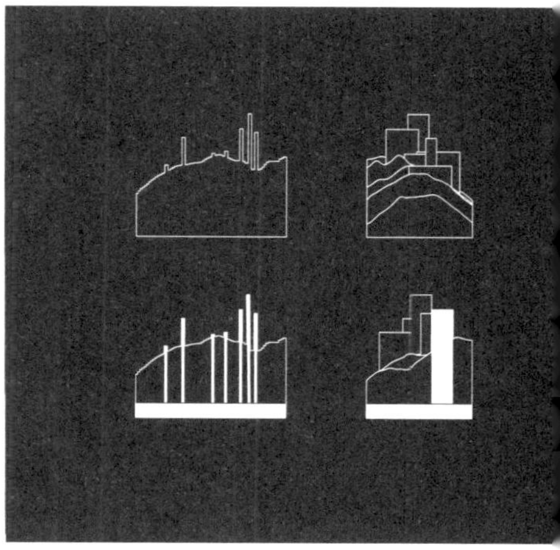

Fertigstellung: 2020
Ort: StadtGalerie Brixen
Bauherrschaft: Südtiroler Künstlerbund
Kuration: Lisa Trockner,
Eva von Ingram Harpf
Künstlerin: Claudia Barcheri

Completion: 2020
Location: Galleria Civica Bressanone
Client: Südtiroler Künstlerbund
Curators: Lisa Trockner,
Eva von Ingram Harpf
Artist: Claudia Barcheri

Der Mensch hat sein Territorium immer wieder verändert, wobei er stets versucht hat, aus ihm Nutzen zu ziehen und sich seiner Eigenschaften bestmöglich zu bedienen, und zwar in dem Masse, dass er das Bild der Landschaft selbst geschaffen hat, die dann nicht als etwas künstlich Erschaffenes aufgefasst wird, sondern als Kulturlandschaft. Einige Konstruktionen sind von dem Menschen als Erbe eines Orts so assimiliert worden, dass sie als notwendige Eingriffe erscheinen, die derart im Territorium verwurzelt sind, dass sie als dessen integraler Bestandteil erscheinen. Anlässlich der Biennale von Pisa, die *Tempodacqua* (Zeitdeswassers) überschrieben war, erkundete bergmeisterwolf jene Erfindungen, die Wasser im festen und flüssigen Zustand nutzen wie Schneeschutzanlagen, Kanäle, Aquädukte oder Mühlen. Diese Nutzbauwerke werden als prägende Merkmale der Landschaft gelesen, deren Architektur sich harmonisch in die Umgebung einfügt – so wie sich etwa ein Dialekt in das Sprachbild eines Gebiets einfügt. Von der Reinterpretation derartiger technischer Lösungen ausgehend, loten bergmeisterwolf Megastrukturen zwischen den Bergen aus, die neue Lebensweisen erforschen und bei denen das Wasser im Mittelpunkt des Projekts steht.

Humans have regularly transformed their territory, always seeking to exploit the land and make the most of its features, even turning this into the quintessential image of the landscape, understood not as something constructed but as a cultural landscape. Some building techniques have even been assimilated by human practice as the legacy of a particular place to such an extent that they are perceived as essential structures, so rooted in the land that they seem to form an integral part of it. In the context of the Pisa Biennale, which was entitled *Tempodacqua* (Time of Water), bergmeisterwolf explored features that utilise water in its solid and liquid state, such as snowbreaks, canals, aqueducts or mills. These built structures are read as distinctive symbols of the landscape that enable architecture to chime with its setting, like the language of a specific environment, a dialect. Taking reinterpretation of these solutions as its point of departure, bergmeisterwolf conceives mega-structures amidst the mountains that explore a new way of living in which water lies at the heart of the design.

Fertigstellung: 2020
Ort: Arsenali Repubblicani, Pisa
Bauherrschaft: Biennale di Pisa
Direktor: Alfonso Femia

Completion: 2020
Location: Arsenali Repubblicani, Pisa
Client: Biennale di Pisa
Director: Alfonso Femia

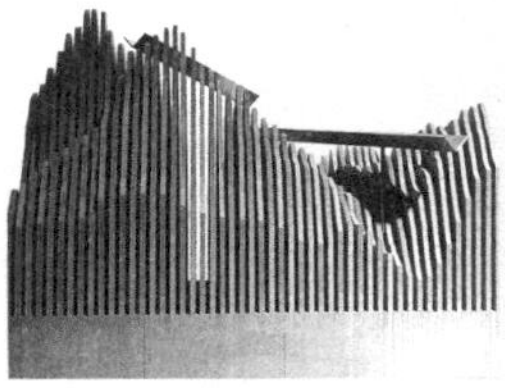

ART SPOTLIGHT

Das Kunstschaffen, das auf den öffentlichen Raum abzielt, birgt ein gewaltiges transformatives Potenzial: die Fähigkeit, jene Prozesse auszulösen, die Orte aufwerten, sowie die Art, zu leben und zu erzählen und die so die Bürger der Kunst näherzubringen. Wenn Kunst die üblichen Ausstellungsräume verlässt, wird sie in städtische Kontexte eingefügt und ist für ein grösseres, unterschiedlicheres Publikum zugänglich. Mit diesem Ziel sind die «Kunstreflektoren» erdacht worden – kleine Ausstellungsräume in Form von beweglichen Vitrinen, die an drei Orten in der Altstadt von Brixen aufgestellt sind. Die spezielle Absicht dahinter ist es, eine Antwort auf die Veränderungen unserer Zeit in der Umwelt und im sozialen Umfeld zu liefern, eine Alternative zum klassischen musealen Narrativ und zu den verschiedenen Möglichkeiten, sich zu einem Kunstwerk in Beziehung zu setzen. Das bewegliche Objekt besteht aus einer Basis und einem Element aus Glas und Aluminium, in dem sich das beleuchtete Kunstwerk befindet. Die Arbeit wird zum Reflektor – ein Lichtbündel, das in die Umgebung und auf Personen projiziert wird, ein Scheinwerfer, der die Kultur in der Innenstadt ans Licht bringt und fördert.

Art conceived for public spaces has powerful transformative potential, activating processes that enhance places and how these are experienced and narrated, while also bringing art closer to the general public. Moving beyond conventional exhibition spaces, art is injected into the urban context and becomes accessible to a wider and more diverse audience. That is the goal underpinning the "Art Spotlights", small exhibition spaces in the form of mobile showcases in three locations in the old town of Bressanone. In particular, they seek to respond to the environmental and social transformations of our time, offering an alternative to classic museum narratives and a wide range of options for engaging with the art. The mobile structure consists of a base and a section made of glass and untreated aluminium, within which the work of art is illuminated. The artwork becomes a spotlight, a radiant beam projected onto the people and urban context around it, a beacon that reinvigorates and sheds light on culture in the city centre.

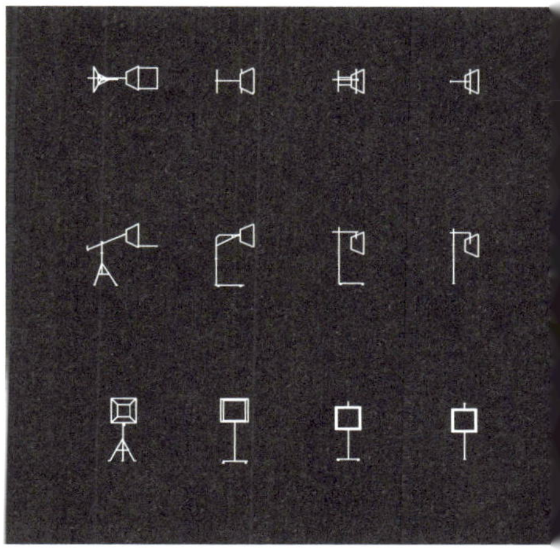

Fertigstellung: 2020
Ort: StadtGalerie Brixen
Bauherrschaft: Südtiroler Künstlerbund
Kuration: Lisa Trockner, Karin Pernegger

Completion: 2020
Location: Galleria Civica Bressanone
Client: Südtiroler Künstlerbund
Curation: Lisa Trockner,
Karin Pernegger

Der Musikpavillon von Schloss Weißenbrunn in Unterfranken befindet sich inmitten eines barocken Gartens – ein neuer Veranstaltungsort für Freilichtaufführungen vor allem klassischer Musik, gedacht als Ort, um Kulturveranstaltungen für ein breiteres Publikum zu organisieren. Ein Klangobjekt, das seinen Standort in eine Art Bühne verwandelt, filigran gebaut, mittels einer überdimensionalen Schattenfuge über der Wiese schwebend. Die in einem matten Seidenweiss gehaltene Konstruktion aus einem Geflecht aus Röhren erscheint als ein Raster in Form eines Diamanten. Wie eine Kulisse vervollständigt der Pavillon die Längsachse der historischen Gartenanlage und öffnet sich zu einer Klangskulptur. Sie wird zu einem Brennpunkt, der mit grösster Selbstverständlichkeit mit dem historischen Garten verschmilzt.

Schloss Weißenbrunn's music pavilion is set within its historical Baroque garden, a new venue for open-air performances, especially of classical music, designed for cultural events and with capacity for a large audience. This sound object that transforms the entire location into a kind of stage is lightweight and raised above the lawn thanks to a large shadow gap. Painted in a silky matt white, the vaulted structure is created by interwoven tubular elements that form a grid made up of lozenge shapes. Like a theatre backdrop, it adds a finishing touch to the Baroque garden's longitudinal axis, yet allows the gaze to pass through it, morphing into a kind of sound sculpture, a focal point that blends into the historical garden with innate poise.

Fertigstellung: 2021
Ort: Ebern (DE)
Bauherrschaft: Schloss Weißenbrunn

Completion: 2021
Location: Ebern (DE)
Client: Schloss Weißenbrunn

WERKVERZEICHNIS
Auswahl

2005		In den Tiefen – Porer, Margreid an der Weinstraße
		Rot verbindet – Haus g, Sachsenklemme, Franzensfeste
		Zu Gast in alten Mauern – Das Nöckler, Bruneck
2006		Landschaftsrahmen – Lois
		Drei unter einem Dach – Naterhof, Albeins, Brixen
2007		Holz baut – Rubner Bürogebäude, Kiens (mit baukraft)
2008		Imaginäre Linien – Barth, Brixen (mit Christian Schwienbacher)
		Im Beton – Weinkellerei Zemmer, Kurtinig an der Weinstraße
2009		Schnittpunkt – AH Bräu, Sachsenklemme, Franzensfeste
		Stubenthek – Tischlerei Wolf Konrad, Tscherms
2010		Umrahmt – Bachgütl, Tscherms
		Verbunden – Feuerwehr, Margreid an der Weinstraße
		Raumveränderung – Villa p, Mühlbach
2011		Dialog – Kellerei Schreckbichl, Girlan, Eppan an der Weinstraße
		Im Zentrum – Hotel Pupp, Brixen (mit Christian Schwienbacher)
		Im Zwischenraum – Hofstelle b, Flans, Sterzing
2012		Gefaltet – Holzschnitzerei Perathoner, Pontives, Gröden
		In der Geometrie – WF Mechanik, Vahrn
		In der Tradition – Gasthaus Löwengrube, Bozen
		Verschmelzen – Öhler Woman, Brixen
2013	1	Auf der Gebäudekante – Weingarten, Brixen
		Zurück in die Zukunft – Parkhotel Holzner, Oberbozen, Ritten
2014		Schnittstelle – Grundschule, Auer (mit MoDus)
	2	Angedockt – Haus Settari Briol, Barbian
		Umrandet – Vinothek Vitis, Brixen
2015		Ausgeschnitten – Haus h, Oberbozen, Ritten
		Richtungsweisend – Pacherhof, Pavillon, Neustift, Vahrn
		Eingebettet – Köfererhof, Neustift, Vahrn
		Parallele Strukturen – Hofstelle p, Neustift, Vahrn
2016		Zusammenhänge – Pacherhof, alter Keller, Neustift, Vahrn
2017		Eingerückt – Hotel Pfösl, Deutschnofen
	3	Gebaute Landschaft – Hotel Ballguthof, Lana
		Ausgedehnt – Ferienhaus f am Gardasee, Toscolano-Maderno
	4	Dachspitzen – Doppelhaus h, Vahrn
		Fächer – Waldhäuser, Deutschnofen
	5	Verdreht – Ferienwohnungen Odles, Plose, Brixen (mit Armin Sader)
	6	Verschwommen – Villa r, Vahrn
2018	7	Ein Verlängern – Parkhotel Holzner, Oberbozen, Ritten
		Herauswachsend – Pacherhof, neuer Keller, Neustift, Vahrn
	8	Faltung – Villa b, Aldrans (AT)
2019		Horizontale – Euvita, Brixen
		In den Schichten – Hotel Belvedere, Jenesien
2020		In der Kapelle – Parfümerie Lutteri, Brixen
		Farbschattierungen – Villa Mayr, Vahrn
2021		Entsprungen – Ferienhaus e am Lago Maggiore, Cannobio
		Geflecht – Akustikmuschel Schloss Weißenbrunn, Ebern (DE)
		Rundum – Ferienhaus p, Meransen, Mühlbach
		Geschnitten – Villa ts, Montan
		Konstruktiver Verlauf – Füchslhof, Marling

In Arbeit:

Übergänge – Rappersbühel, Klobenstein, Ritten
Herauswachsend – Pacherhof, Hotel, Neustift, Vahrn
Sichtachsen – Stadthotel Goldener Adler, Brixen
Dialog – Kellerei Schreckbichl, Girlan, Eppan an der Weinstraße
Höhenschichten – Verbindung Stadt – Berg, Brixen
Kreuzung – Badhaus, Brixen
Gekrümmt – Schloss Weißenbrunn, Ebern (DE)
Konstruktiver Zwischenraum – Lippenmös, Villnöß

1

3

5

7

2

4

6

8

LIST OF WORKS
Selection

2005		In depth – Porer, Magrè sulla Strada del Vino
		Binding red – House g, Le Cave, Fortezza
		Guest in old walls – Das Nöckler, Brunico
2006		Landscape frame – Lois
		Three under one roof – Naterhof, Albes, Bressanone
2007		Wood works – Rubner office building, Chienes (with baukraft)
2008		Imaginary lines – Barth, Bressanone (with Christian Schwienbacher)
		In concrete – Zemmer Winery, Cortina sulla strada del vino
2009		Intersection – AH Bräu, Le Cave, Fortezza
		Stube archive – Carpentry Wolf Konrad, Cermes
2010		Framed – Bachgütl, Cermes
		Connected – Magrè fire station, Magrè sulla Strada del Vino
		Change of space – Villa p, Rio di Pusteria
2011		Dialogue – Colterenzio winery, Cornaiano, Appiano sulla Strada del Vino
		In the centre – Hotel Pupp, Bressanone (with Christian Schwienbacher)
		Interstices – Farmstead b, Flanes, Vipiteno
2012		Creased – Woodcarving workshop Perathoner, Pontives, Val Gardena
		In geometry – WF Mechanik, Varna
		Traditional – Restaurant Löwengrube, Bolzano
		Combine – Öhler Woman, Bressanone
2013	1	On building edge – Weingarten, Bressanone
		Back to the future – Parkhotel Holzner, Soprabolzano, Renon
2014		Intersection – Primary school, Ora (with MoDus)
	2	Grasped – Settari Briol House, Barbiano
		Outlined – Enoteca Vitis, Bressanone
2015		Cut out – House h, Soprabolzano, Renon
		In the direction – Pacherhof, pavilion, Novacella, Varna
		Embedded – Köfererhof, Novacella, Varna
		Parallel structures – Farmstead p, Novacella, Varna
2016		Coherences – Pacherhof, old cellar, Novacella, Varna
2017		Grafted – Hotel Pfösl, Nova Ponente
	3	Built landscape – Hotel Ballguthof, Lana
		Extended – Holiday home f by Lake Garda, Toscolano-Maderno
	4	Rooftops – Twin house h, Varna
		Fan – Forest houses, Nova Ponente
	5	Twisted – Odles vacation apartments, Plose, Bressanone (with Armin Sader)
	6	Blurry – Villa r, Varna
2018	7	Extension – Parkhotel Holzner, Soprabolzano, Renon
		Emerging – Pacherhof, new cellar, Novacella, Varna
	8	Pleated – Villa b, Aldrans (AT)
2019		Horizontal – Euvita, Bressanone
		Stratifications – Hotel Belvedere, San Genesio
2020		In the chapel – Perfumery Lutteri, Bressanone
		Colour shadings – Villa Mayr, Varna
2021		Sprung up – Holiday home e by Lake Maggiore, Cannobio
		Interwoven – Schloss Weißenbrunn musical pavilion, Ebern (DE)
		Built around – Holiday home p, Maranza, Rio di Pusteria
		Blended – Villa ts, Montagna
		Constructive trend – Füchslhof, Marlengo

Ongoing projects:
Transition – Rappersbühel, Colle Renon, Renon
Emerging – Pacherhof, hotel, Novacella, Varna
Visual axes – City Hotel Goldener Adler, Bressanone
Dialogue – Colterenzio wine cellar, Cornaiano, Appiano sulla Strada del Vino
Contour lines – City-mountain connection, Bressanone
Crossroads – Badhaus, Bressanone
Curved – Schloss Weißenbrunn, Ebern (DE)
Constructive interstice – Lippenmös, Funes

GERD BERGMEISTER

Geboren 1969 in Brixen. Studium der Architektur an der Università Iuav di Venezia und an der Leopold-Franzens-Universität in Innsbruck.

MICHAELA WOLF

Geboren 1979 in Meran. Studium der Architektur an der Leopold-Franzens-Universität in Innsbruck, der Architectural Association in London und am Politecnico di Milano. Seit 2017 Professorin für Entwurf und Raum, Leiterin des Studiengangs Architektur an der Technischen Hochschule Rosenheim.

AKTUELLE MITARBEITENDE

Alessandro Battistella:
Geboren in Cassano Magnago, Varese, 1988. Studium der Architektur am Politecnico di Milano.

Claudio Triassi:
Geboren in Palermo 1991. Studium der Architektur an der Università Iuav di Venezia, der UPC Escola Tècnica Superior d'Arquitectura in Barcelona, der FAUUSP – Faculdade de Arquitetura e Urbanismo in São Paolo und an der Chiba University in der Stadtregion von Tokio.

Francesco Lucchesi:
Geboren in Pisa 1994. Studium der Architektur an der Università degli Studi di Firenze und am Unitec Institute of Technology in Auckland.

Alessandra Lione:
Geboren in Rossano, Cosenza, 1992. Studium der Architektur an der Università La Sapienza di Roma.

GERD BERGMEISTER

Born in 1969 in Bressanone. Studied Architecture at the Università Iuav di Venezia and at the Leopold-Franzens University in Innsbruck.

MICHAELA WOLF

Born in 1979 in Meran. Studied Architecture at the Leopold Franzens University in Innsbruck, the Architectural Association in London and the Politecnico di Milano. Professor Design and Space since 2017, Director of the Architecture course at the Rosenheim University of Applied Sciences.

CURRENT COLLABORATORS

Alessandro Battistella:
Born in Cassano Magnago, Varese in 1988. Studied Architecture at the Politecnico di Milano.

Claudio Triassi:
Born in Palermo in 1991. Studied Architecture at the Università Iuav di Venezia, at the UPC Escola Tècnica Superior d'Arquitectura in Barcelona, at the FAUUSP – Faculdade de Arquitetura e Urbanismo in Sao Paolo and at the Chiba University in the metropolitan area of Tokyo.

Francesco Lucchesi:
Born in Pisa in 1994. Studied Architecture at the Università degli Studi di Firenze and at the Unitec Institute of Technology in Auckland.

Alessandra Lione:
Born in Rossano, Cosenza in 1992. Studied Architecture at the Università La Sapienza di Roma.

PUBLIKATIONEN
Auswahl

2011–	Turris Babel, Nr. 88, 91, 94, 96, 100, 101, 106, 107, 109, 112, 116
2012	W. Pehnt, W. Bachmann: Häuser des Jahres. München
	L. Zevi: Le quattro stagioni. Architetture del Made in Italy da Adriano Olivetti alla Green Economy. Mailand
2013	Architekturstiftung Südtirol (Hrsg.): Südtiroler Architekturführer. Bozen
	D. Merta: Architecture and Wine in Central Europe. Prag
2014	W. Bachmann, U. Poschardt: Häuser des Jahres. München
	W. Angonese, bergmeisterwolf: Implantate, eine Strategie eine Region zu denken, 20 Projekte für drei Städte. Brixen
	H. Woschek, D. Duhme, K. Friederichs: Wein und Raum. Architektonische Konzepte zum Präsentieren. München
	C. Miller, H. Bäuerle: Alpenorte – über Nacht in besonderer Architektur. München
2015	W. Bachmann, W. Kaminer: Häuser des Jahres. München
2017	L. Molinari (Hrsg.): Cantine da collezione, Itinerari di architettura contemporanea nel paesaggio italiano. Florenz
	CNACCP Yearbook. Galatina
2018	K. Matzig, M. Scharnigg: Häuser des Jahres. München
	CNACCP Yearbook. Galatina
	G. Multari, O. Miglio: EdA esempi di architettura, Vol. 5, Nr. 2
	Kunst Meran Südtiroler Künstlerbund (Hrsg.): Neue Architektur in Südtirol 2012–2018. Zürich
	V. Dienst (Hrsg.): Herzblut: 150 Positionen zur Architektur in und um Österreich 1997–2017. Wien
2019	K. Matzig, J. Weiler: Häuser des Jahres. München
	CNACCP Yearbook. Galatina
	Casabella 893
2020	L. Molinari, A. Visini (Hrsg.): Cantine nel mondo, Architettura di eccellenza nel paesaggio internazionale. Florenz
	G. Multari (Hrsg.): Architettura Alto Adige. bergmeisterwolf – MoDus architects. Rom
	Archalp – rivista internazionale di architettura e paesaggio alpino, Nr. 5
	Architettare, Nr. 24, Baukultur. Pisa
	K. Matzig, N. Borgmann: Häuser des Jahres. München
	K. Kretschmer: Architekturführer Südtirol. Berlin
	CNACCP Yearbook. Galatina
	Architekturzentrum Wien (Hrsg.): Best of Austria: Architecture 2018–2019. Zürich
2021	Tempo d'acqua: on time and water. 500 × 100 publishers
	Aufspüren. Ein Spaziergang. bergmeisterwolf, Rede an die Architektur. Detmold

AUSSTELLUNGEN
Auswahl

2012	Le quattro stagioni, Biennale Architettura, Venedig
	Barbara Cappochin, Mostra Biennale Internazionale di Architettura, Wanderausstellung
	Architettura Cittá di Oderzo, Mostra progetti vincitori e selezionato, Oderzo
2013	Constructive Alps. Nachhaltiges Bauen in den Alpen, Wanderausstellung
	Architecture and Wine in Central Europe, Wanderausstellung
2014	Soleil politique, il museo tra luce e ombra, Museion Bozen, Bozen
	Alpitecture meets Biennale, Biennale Architettura, Venedig
	Architettura Cittá di Oderzo, Mostra progetti vincitori e selezionati, Oderzo
	Alpen Architektur Tourismus, Kunst Meran, Wanderausstellung
2015	Schulbauten in Südtirol, zwischen Architektur und Pädagogik, Franzensfeste
	Sospensione, I want to see painted, Galleria d'arte, Treviso
2016	Piran Days of Architecture, Exhibition, Piran
2018	Ortswechsel/dislocazione, Galerie Prisma, Bozen
	Piran Days of Architecture, Exhibition, Piran
	Neue Architektur in Südtirol, Kunst Meran, Wanderausstellung
2019	Architettura Alto Adige, Palazzo Gravina, Neapel
	Tempodacqua, Biennale di Pisa III edizione, Arsenali Repubblicani, Pisa
	Dedalo Minosse 11th edition, Basilica palladiana, Vicenza
	Belgrade international architecture week, CCB art Gallery, Belgrad
2020	Laboratorio bergmeisterwolf, Spazio solido, Treviso
	New tradition, at a table with architecture and art from South Tyrol, Timisoara
2021	Renaissance. Spazio collettivo / Spazio individuale, Biennale di Pisa IV edizione, Arsenali Repubblicani, Pisa
	Il dolore del presente, riflettore d'arte, StadtGalerie Brixen

AUSZEICHNUNGEN
Auswahl

2013	Premio architettura città di Oderzo – ausgewähltes Projekt
2014	German Design Award – 1. Preis
	Häuser des Jahres
2016	Landschaft machen – fare paesaggio, Erwähnung
	Barbara Capocchin International Architecture Award – best works
	Best Architects – 1. Preis
	Premio Architettura Città di Oderzo – ausgewähltes Projekt
2018	Südtiroler Holzbaupreis – 1. Preis
	Premio Architetto italiano – Opere di Restauro e Recupero – 1. Preis
	AIT-Award – besondere Erwähnung
	The Plan Award – 1. Preis
	Best Architects – 1. Preis
2019	Europe 40 under 40
	Barbara Capocchin International Architecture Award – best works
	Dedalo Minosse – Auszeichnung

PUBLICATIONS
Selection

2011–	*Turris Babel,* No. 88, 91, 94, 96, 100, 101, 106, 107, 109, 112, 116
2012	W. Pehnt, W. Bachmann: *Häuser des Jahres,* Munich
	L. Zevi: *Le quattro stagioni. Architetture del Made in Italy da Adriano Olivetti alla Green Economy,* Milan
2013	Fondazione architettura Alto Adige (Ed.): *Südtiroler Architekturführer,* Bolzano
	D. Merta: *Architecture and Wine in Central Europe,* Prague
2014	W. Bachmann, U. Poschardt: *Häuser des Jahres,* Munich
	W. Angonese, bergmeisterwolf: *Implantate, eine Strategie eine Region zu denken, 20 Projekte für drei Städte,* Bressanone
	H. Woschek, D. Duhme, K. Friederichs: *Wein und Raum. Architektonische Konzepte zum Präsentieren,* Munich
	C. Miller, H. Bäuerle: *Alpenorte – über Nacht in besonderer Architektur,* Munich
2015	W. Bachmann, W. Kaminer: *Häuser des Jahres,* Munich
2017	L. Molinari (Ed.): *Cantine da collezione, Itinerari di architettura contemporanea nel paesaggio italiano,* Florence
	CNACCP Yearbook, Galatina
2018	K. Matzig, M. Scharnigg: *Häuser des Jahres,* Munich
	CNACCP Yearbook, Galatina
	G. Multari, O. Miglio: *EdA esempi di architettura,* Vol. 5, No. 2
	Kunst Meran Südtiroler Künstlerbund (Ed.): *Neue Architektur in Südtirol 2012–2018,* Zurich
	V. Dienst (Ed.): *Herzblut: 150 Positionen zur Architektur in und um Österreich 1997–2017,* Vienna
2019	K. Matzig, J. Weiler: *Häuser des Jahres,* Munich
	CNACCP Yearbook, Galatina
	Casabella 893
2020	L. Molinari, A. Visini (Eds.): *Cantine nel mondo, Architettura di eccellenza nel paesaggio internazionale,* Florence
	G. Multari (Ed.): *Architettura Alto Adige. bergmeisterwolf – MoDus architects,* Rome
	Archalp – rivista internazionale di architettura e paesaggio alpino, No. 5
	Architettare, No. 24, Baukultur, Pisa
	K. Matzig, N. Borgmann: *Häuser des Jahres,* Munich
	K. Kretschmer: *Architekturführer Südtirol,* Berlin
	CNACCP Yearbook, Galatina
	Architekturzentrum Wien (Ed.): *Best of Austria: Architecture 2018–2019,* Zurich
2021	*Tempo d'acqua: on time and water,* 500 × 100 publishers
	Aufspüren. Ein Spaziergang. bergmeisterwolf, Rede an die Architektur, Detmold

EXHIBITIONS
Selection

2012	Le quattro stagioni, Biennale Architettura, Venice
	Barbara cappochin, Mostra Biennale Internazionale di Architettura, travelling exhibition
	Architettura Cittá di Oderzo, Mostra progetti vincitori e selezicnato, Oderzo
2013	Constructive Alps. Nachhaltiges Bauen in den Alpen, travelling exhibition
	Architecture and Wine in Central Europe, travelling exhibition
2014	Soleil politique, il museo tra luce e ombra, Museion Bozen, Bolzano
	Alpitecture meets Biennale, Biennale Architettura, Venice
	Architettura Cittá di Oderzo, Mostra progetti vincitori e selezionati, Oderzo
	Alpen Architektur Tourismus, Kunst Meran, travelling exhibition
2015	Schulbauten in Südtirol, zwischen Architektur und Pädagogik, Fortezza
	Sospensione, I want to see painted, Galleria d'arte, Treviso
2016	Piran Days of Architecture, Exhibition, Piran
2018	Ortswechsel/dislocazione, Galerie Prisma, Bolzano
	Piran Days of Architecture, Exhibition, Piran
	Neue Architektur in Südtirol, Kunst Meran, travelling exhibition
2019	Architettura Alto Adige, Palazzo Gravina, Naples
	Tempodacqua, Biennale di Pisa III edizione, Arsenali Repubblicani, Pisa
	Dedalo Minosse 11th edition, Basilica palladiana, Vicenza
	Belgrade international architecture week, CCB art Gallery, Belgrade
2020	Laboratorio bergmeisterwolf, Spazio solido, Treviso
	New tradition, at a table with architecture and art from South Tyrol, Timisoara
2021	Renaissance. Spazio collettivo / Spazio individuale, Biennale di Pisa IV edizione, Arsenali Repubblicani, Pisa
	Il dolore del presente, riflettore d'arte, Galleria Civica Bressanone

AWARDS
Selection

2013	Premio architettura città di Oderzo – selected project
2014	German Design Award – winner
	Häuser des Jahres
2016	Landschaft machen – fare paesaggio, mention
	Barbara Capocchin International Architecture Award – best works
	Best Architects – winner
	Premio Architettura Città di Oderzo – selected project
2018	Südtiroler Holzbaupreis, winner
	Premio Architetto italiano – Opere di Restauro e Recupero, winner
	AIT Award – special mention
	The Plan Award – winner
	Best Architects – winner

2019	Premio architetto italiano – 1. Preis
	Premio architetto italiano, opere di nuova costruzione – 1. Preis
	BigSEE Architecture Award – 1. Preis
	German Design Award – besondere Erwähnung
	The Plan Award – 1. Preis
	Best Architects – 1. Preis
2020	Premio architettura città di Oderzo – ausgewähltes Projekt
	AIT-Award – besondere Erwähnung
	Häuser des Jahres
	BigSEE Architecture Award – 1. Preis
	The Plan Award – 1. Preis
	Best Architects – Gold – 1. Preis
	Premio nazionale In/Architettura
2021	BigSEE architecture award – 1. Preis
	German Design Award – besondere Erwähnung
	The Plan Award – 1. Preis
2022	Best Architects – 1. Preis
	Mies van der Rohe Award – Nominierung

VORTRÄGE UND JURYTÄTIGKEIT

Auswahl

2011	«Active architecture», Piran Days of Architecture, Piran, 26. November
2012	«Perspective», Venedig, 27. Mai
	«Wein und Architektur», Frankfurt am Main, 11. Oktober
2013	«Architektur in progress», Wien, 16. April
	«Architektur+», dienstagsreihe coburg, Universität Coburg, 23. April
	«Horizonte», Bauhaus-Universität, Weimar, 3. Dezember
2014	«The plan», Venedig, 2. Juni
	«Innen wie aussen», Universität München, 5. Juni
	«Vivere le alpi», Aosta, 18. Oktober
2015	«Turn on – Architekturfestival», Wien, 7. März
	«Alpen Architektur Tourismus», Bayerische Architektenkammer, München, 1. April
	«Bauen für den Tourismus», Initiative Architektur, Salzburg, 19. November
2016	«Reisen gestern und heute», Frankfurt am Main, 12. Januar
	«AIT-Award», Hamburg, 12. Februar
	«Architettura contemporanea Alto Adige», Casabella, Mailand, 25. Oktober
2017	«L'architettura deve sperimentare», 6° forum internazionale dell'edilizia in legno, Verona, 12. Mai
	«Serate di architettura al belvedere», Ordine architetti PPC, Monza Brianza, 25. Mai
2018	«Holz baut Kultur überholz Impuls», Architekturforum, Dornbirn, 11. Januar
	«thomaswechspreis», Augsburg, 20. Juli
	«Paesaggio e architettura per un turismo di qualità», Trento, 12. April
	«Seminari di architettura», Varese, 7. November
	«Regional international regional», Hochschule Biberach, 20. November
2019	«Conversazioni», Castel Vigolo, 28. Juni
	«Dialekt», Hochschule Nürnberg, 20. Juni
	«Höhenschichten», Architekturforum Oberösterreich, Linz, 7. März
	«Architekturforum de l'architecture», Biel, 2. April
2020	«Rigenera talks», Reggio Emilia, 14. Oktober
	«Festa dell'architetto CNAPPC», Venedig, 21. Oktober
	«Ortswechsel», Architekturforum, Passau, 28. Oktober
	«Arch_talk», Treviso, 2. Oktober
	«Architettura alto adige – bergmeisterwolf – modus architects», Neapel, 10. Januar
	«Rosenheimer Holzbaupreis», Rosenheim, 3. April
2021	«Aufspüren. Ein Spaziergang», Rede an die Architektur, Nieheim, 5. September
	«Materialpreis», Stuttgart, 8. Oktober

LUCA MOLINARI (TEXTBEITRAG)

Architekt, Kritiker und Kurator. Ordentlicher Professor für Architekturtheorie und Design an der Fakultät für Architektur und Industriedesign Luigi Vanvitelli. Er wurde mit internationalen Auszeichnungen und Preisen geehrt. Ausserdem schreibt und arbeitet er als unabhängiger Autor für italienische und internationale Zeitungen. Seit 2018 ist er Redaktionsleiter der Zeitschrift Platform. Zwischen 1995 und 2019 war er als Redakteur im Bereich Architektur für den Verlag Skira tätig. Von 2001 bis 2004 war er wissenschaftlicher Direktor für den Bereich Architektur und Städtebau der Mailänder Triennale und gehörte dem wissenschaftlichen Ausschuss an. Im Jahr 2010 war er Kurator des italienischen Pavillons auf der Architekturbiennale in Venedig. Seit 2020 ist er der wissenschaftliche Direktor des Museo M9 in Mestre.

SIMONA GALATEO (TEXTBEITRÄGE)

Simona Galateo, geboren in Meran (BZ), studierte Architektur an der Fakultät von Ferrara, Urbanistik an der Universität Brighton und erwarb einen Master und einen Doktortitel am Politecnico di Milano. Als Redakteurin und Autorin hat sie Bücher und Artikel redigiert und geschrieben, die in verschiedenen Zeitschriften veröffentlicht wurden, darunter Domus, Arquitectura Viva, Artribune, Il Manifesto. Als Kuratorin hat sie an mehreren Ausstellungen mitgewirkt und war Teil eines Kuratorenteams, unter anderem bei der Triennale di Milano und der Biennale di Architettura di Venezia.

2019	Europe 40 under 40
	Barbara Capocchin international Architecture Award – best works
	Dedalo minosse – commendation
	Premio architetto italiano – winner
	Premio architetto italiano, opere di nuova costruzione – winner
	BigSEE Architecture Award – winner
	German Design Award – special mention
	The Plan Award – winner
	Best Architects – winner
2020	Premio architettura città di Oderzo – selected project
	AIT Award – special mention
	Häuser des Jahres
	BigSEE Architecture Award – winner
	The Plan Award – winner
	Best Architects – Gold Award
	Premio nazionale In/Architettura
2021	BigSEE Architecture Award – winner
	German Design Award – special mention
	The Plan Award – winner
2022	Best Architects – winner
	Mies van der Rohe Award – nomination

LECTURES AND JURY ACTIVITIES

Selection

2011	"Active architecture", Piran Days of Architecture, Piran, November 26
2012	"Perspective", Venice, May 27
	"Wein und Architektur", Frankfurt am Main, October 11
2013	"Architektur in progress", Vienna, April 16
	"Architektur+", dienstagsreihe coburg, Coburg University, April 23
	"Horizonte", Bauhaus-Universität, Weimar, December 3
2014	"The plan", Venice, June 2
	"Innen wie aussen", Munich University, June 5
	"Vivere le alpi", Aosta, October 18
2015	"Turn on – Architekturfestival", Vienna, March 7
	"Alpen Architektur Tourismus", Bayerische Architektenkammer, Munich, April 1
	"Bauen für den Tourismus", Initiative Architektur, Salzburg, November 19
2016	"Reisen gestern und heute", AIT award, Frankfurt am Main, January 12
	"AIT Award", Hamburg, February 12
	"Architettura contemporanea alto adige", Casabella, Milan, October 25
2017	"L'architettura deve sperimentare", 6° forum internazionale dell'edilizia in legno, Verona, May 12
	"Serate di architettura al belvedere", Ordine architetti PPC, Monza Brianza, May 25
2018	"Holz baut Kultur überholz Impuls", Architekturforum, Dornbirn, January 11
	"thomaswechspreis", Augsburg, July 10
	"Paesaggio e architettura per un turismo di qualità", Trento, April 12
	"Seminari di architettura", Varese, November 7
	"Regional international regional", Hochschule Biberach, November 20
2019	"Conversazioni", Castel Vigolo, June 28
	"Dialekt", university of Nuremberg, June 20
	"Höhenschichten", Architekturforum Oberösterreich, Linz, March 7
	"Architekturforum de l'architecture", Biel, April 2
2020	"Rigenera talks", Reggio Emilia, October 14
	"Festa dell'architetto CNAPPC", Venice, October 21
	"Ortswechsel", Architekturforum, Passau, October 28
	"Arch_talk", Treviso, October 2
	"Architettura alto adige – bergmeisterwolf – modus architects", Naples, January 10
	"Rosenheimer Holzbaupreis", Rosenheim, April 3
2021	"Aufspüren. Ein Spaziergang", Rede an die Architektur, Nieheim, September 5
	"Materialpreis", Stuttgart, October 8

LUCA MOLINARI (ARTICLE)

Architect, critic and curator. Full Professor of Architectural Theory and Design at the Department of Architecture and Industrial Design "Luigi Vanvitelli". He has been the recipient of international recognition and awards. He has written and collaborated as an independent author for Italian and international publications. Since 2018 he has been the Editorial Director of *Platform* magazine. Between 1995 and 2019 he was Architecture Editor for the publisher Skira. Between 2001 and 2004 he was Science Director for the Architecture and Urbanism sector of the Milan Triennale and a member of its scientific committee. In 2010 he was curator of the Italian pavilion at the Venice Architecture Biennale. Since 2020 he has been Science Director of Museo M9, Mestre.

SIMONA GALATEO (ARTICLES)

Simona Galateo, born in Merano (BZ), studied Architecture at the Faculty of Ferrara, Urban Studies at Brighton University, and obtained a master's degree and PhD at the Politecnico di Milano. As an editor and author, she has edited and written books and articles published in various magazines, including *Domus, Arquitectura Viva, Artribune* and *Il Manifesto*. As a curator, she has collaborated and been part of the curatorial team of several exhibitions, including the Triennale di Milano and the Biennale Architettura di Venezia.

FINANZIELLE UND IDEELLE UNTERSTÜTZUNG

Ein besonderer Dank gilt den Institutionen und Firmen, mit denen wir eine jahrelange hervorragende Zusammenarbeit haben und deren finanzielle Unterstützungen wesentlich zum Entstehen dieser Buchausgabe beitragen. Ihr kulturelles Engagement ermöglicht ein fruchtbares und freundschaftliches Zusammenwirken von Baukultur und Bauwirtschaft.

FINANCIAL AND CONCEPTUAL SUPPORT

A special word of thanks to the institutions and companies with whom we have enjoyed excellent cooperation for many years and whose financial support has contributed significantly to the creation of this book. Without their cultural commitment, such fruitful and friendly collaboration between building culture and the building industry would not be possible.

Alpera Srls, Villanders
ASKEEN GmbH, Brixen
Damiani-Holz & Ko AG, Brixen
Energytech Ingenieure GmbH, Bozen
Fischnaller Stahl & Glas GmbH, Villnöss
Holzner & Bertagnolli Engineering GmbH, Lana/Mailand/München

Schweizerische Eidgenossenschaft
Confédération suisse
Confederazione Svizzera
Confederaziun svizra

Eidgenössisches Departement des Innern EDI
Bundesamt für Kultur BAK

Technische Hochschule **Rosenheim**

SÜDTIROLER KÜNSTLERBUND

AUTONOME PROVINZ BOZEN SÜDTIROL
PROVINCIA AUTONOMA DI BOLZANO ALTO ADIGE
Deutsche Kultur - Cultura tedesca

Die Drucklegung erfolgte mit finanzieller Unterstützung der Südtiroler Landesregierung / Abteilung Deutsche Kultur über den Südtiroler Künstlerbund.

This book was printed with the financial support of the South Tyrolean Government / Department of German Culture via the South Tyrolean Artists' Association.

bergmeisterwolf – Brixen/Bressanone
22. Band der Reihe De aedibus international
Herausgeber: Heinz Wirz, Luzern
Konzept: Heinz Wirz; bergmeisterwolf, Brixen/Bressanone
Projektleitung: Quart Verlag, Antonia Chavez-Wirz; Linus Wirz
Textbeiträge: Simona Galateo, Mailand; Luca Molinari, Mailand
Objekttexte: Simona Galateo
Textlektorat Deutsch: Kirsten Rachowiak, München;
Britta Schröder, Bad Nauheim; exlibris, Bozen S. 6, 8
Textlektorat Italienisch: Beate Ummenhofer, language service, Wien
Textlektorat Englisch: Benjamin Liebelt, Berlin
Übersetzung Italienisch–Deutsch: Florian Neumann, München
Übersetzung Italienisch–Englisch: Helen Ferguson, Berlin
Fotos: Gustav Willeit, Corvara/Zürich; ausser: Jürgen Eheim,
Brixen S. 16, 78, 80, 81; Lukas Schaller, Wien S. 28 und 68 (unten);
Archiv bergmeisterwolf
Porträtskizzen: Jerome Hudacek, München, S. 88
Redesign: BKVK, Basel – Beat Keusch, Angelina Köpplin-Stützle
Grafische Umsetzung: Quart Verlag Luzern
Lithos: Printeria, Luzern
Druck: DZA Druckerei zu Altenburg GmbH

ISBN 978-3-03761-251-4

Dieses Buch ist auch auf Deutsch-Italienisch
erschienen: ISBN 978-3-03761-252-1

**bergmeisterwolf – Brixen/Bressanone
Volume 22 of the series De aedibus international
Edited by: Heinz Wirz, Lucerne
Concept: Heinz Wirz; bergmeisterwolf – Brixen/Bressanone
Project management: Quart Verlag, Antonia Chavez-Wirz;
Linus Wirz
Articles by: Simona Galateo, Milan; Luca Molinari, Milan
Project descriptions: Simona Galateo
German text editing: Kirsten Rachowiak, Munich;
Britta Schröder, Bad Nauheim; exlibris, Bolzano p. 6, 8
Italian text editing: Beate Ummenhofer, language
service, Vienna
English text editing: Benjamin Liebelt, Berlin
Italian–German translation: Florian Neumann, Munich
Italian–English translation: Helen Ferguson, Berlin
Photos: Gustav Willeit, Corvara/Zurich; except: Jürgen
Eheim, Bressanone p. 16, 78, 80, 81; Lukas Schaller, Vienna
p. 28 and 68 (bottom); Archiv bergmeisterwolf
Portrait sketches: Jerome Hudacek, Munich, p. 88
Redesign: BKVK, Basel – Beat Keusch, Angelina Köpplin-Stützle
Graphic design: Quart Verlag Lucerne
Lithos: Printeria, Lucerne
Printing: DZA Druckerei zu Altenburg GmbH**

ISBN 978-3-03761-251-4

**Also published in
German/Italian: ISBN 978-3-03761-252-1**

Quart Verlag GmbH
Denkmalstrasse 2, CH-6006 Luzern
books@quart.ch, www.quart.ch

De aedibus international
Zeitgenössische Architekten und ihre Bauten

De aedibus international
Contemporary architects and their buildings

22 bergmeisterwolf – Brixen/Bressanone (de/en; de/it)
21 AFF – Berlin/Lausanne (de/en)
20 Onsitestudio – Mailand/Milan (de/en)
19 a2o architecten – Brüssel/Hasselt (de/en)
18 Schulz und Schulz – Leipzig (de/en)
17 bernardo bader architekten – Bregenz (de/en)
16 Schenker Salvi Weber – Wien (de/en)
15 Henley Halebrown – London (de/en)
14 Walter Angonese – Kaltern/Caldaro (de/en)
13 architecten de vylder vinck taillieu – Gent (de/en)
12 De Smet Vermeulen architecten – Gent (de/en; nl/fr)
11 Uwe Schröder – Bonn (de/en)
10 Stephen Taylor Architects – London (de/en)
9 Titus Bernhard Architekten – Augsburg (de/en)
8 Dietrich|Untertrifaller – Bregenz (de/en)
7 Geurst & Schulze Architecten – Den Haag (de/en)
6 Wingender Hovenier Architecten – Amsterdam (de/en)
5 Tony Fretton Architects – London (de/en)
4 Jonathan Woolf Architects – London (de/en)
3 Hufnagel Pütz Rafaelian – Berlin (de/en)
2 Hild und K – München (de/en)
1 Stanton Williams – London (de/en)

books@quart.ch, www.quart.ch